CLV

Stark ist meines Jesu Hand
und er wird mich ewig fassen,
hat zu viel an mich gewandt,
um mich wieder loszulassen.
Meiner Erlöser lässt mich nicht,
das ist meine Zuversicht

Was sollte von Christus dich trennen,
wenn gebunden ein sicheres Band?
Bist du in Ihm, dann für immer,
denn fest steht der ewige Bund.
Niemand reißt dich, niemand reißt dich
aus des Erlösers mächtiger Hand.

Carl Bernhard Garve

William MacDonald

Sicher in Gottes Hand

clv

Christliche
Literatur–Verbreitung e.V.
Postfach 110135 · 33661 Bielefeld

Bibelzitate, wenn nicht anders angegeben, aus der Revidierten Elberfelder Übersetzung 1995.

1. Auflage 2000

Übersetzung: Gitti Niederseer
Satz: CLV
Umschlag: Dieter Otten, Gummersbach
Druck und Bindung: Ebner Ulm

ISBN 3-89397-274-9

Inhalt

Ewig errettet

Schon seit den ersten Tagen der Gemeinde debattiert man über die entscheidende Frage: Ist ein Gläubiger für alle Ewigkeit errettet, oder kann er seine Errettung verlieren, wenn er sündigt? Auf der einen Seite stehen die Calvinisten[1], die an das Ausharren der Heiligen glauben[2] – oder besser gesagt, an das Ausharren Christi. Auf der anderen Seite stehen die Arminianer[3], die lehren, dass die Errettung an Bedingungen geknüpft ist. Diese Streitfrage wird weiter aktuell bleiben, solange die Gemeinde auf der Erde ist.

Man muss zugeben, dass es für beide Auffassungen Schriftstellen zu geben scheint, die die jeweilige Ansicht stützen. Wenn man den Zusammenhang außer Acht lässt, gibt es Verse, die einen Methodisten oder Pfingstler bestärken, das zu glauben, was manchmal als »Lehre vom Abfallen« bezeichnet wird. Und es gibt jede Menge anderer Stellen, die Baptisten und vielen anderen Gläubigen die Gewissheit geben, dass ihre Errettung für immer sicher ist.

Du wirst in beiden Lagern echte Gläubige finden. John Wesley – ein überzeugter Arminianer – und Charles Spurgeon, ein überzeugter Calvinist, waren bei diesem Thema verschiedener Ansicht. Aber wer würde auf die Idee kommen, an der Echtheit ihrer Bekehrungserlebnisse zu zweifeln? Keine Seite kann das Monopol für die neue Geburt für sich in Anspruch nehmen.

Und keine Seite kann das Monopol eines geheiligten Lebens beanspruchen. Männer und Frauen aus beiden Schulen haben Gott wohlgefällig gelebt. Wir sollten vorsichtig sein, jemanden als Irrlehrer abzuqualifizieren oder unfreundlich über ihn zu sprechen.

Deshalb ist es sinnlos, bekannte Christen als Beweis heranzuziehen, wenn wir dieses Thema miteinander diskutieren. Die Gegenpartei kann das nämlich mit derselben Effizienz. Auch das Zitieren dieser Führer ist nur soweit von Nutzen, als ihre Aussagen auf der Schrift beruhen und diese anschaulich machen.

Sich auf menschliche Erfahrungen zu berufen, ist ebenfalls ein nutzloses Unterfangen. Oft hören wir die Aussage: »Ich kenne jemanden, der …« Dabei wird jedoch die Tatsache übersehen, dass es für menschliche Erfahrungen alle Spielarten gibt. Wichtiger ist, dass geistliche Erfahrungen mit dem Wort Gottes übereinstimmen müssen, damit der Beweis gilt.

Wir müssen in Demut an die Schrift herantreten, wenn wir zu diesem Thema eine Überzeugung gewinnen wollen. Beide Seiten werfen Probleme auf – die Unverlierbarkeit des Heils und die Verlierbarkeit des Heils. Wir sollten dieser Tatsache ins Auge sehen.

Wir sollten dem Wort Gottes betend gegenübertreten und den Heiligen Geist bitten, uns die Wahrheit zu offenbaren, wenn wir sie Schritt für Schritt studieren.

Außerdem sollten wir objektiv an die Schrift herangehen. Anstatt uns lediglich damit zu beschäftigen, Argumente zu suchen, die unsere vorgefasste Meinung stützen, sollten wir ständig bereit sein für das, was der Geist Gottes uns lehrt. Man muss zugeben, dass das schwierig ist. Sobald wir öffentlich einen Standpunkt zu einem kontroversen Thema bezogen haben, ist der Gesichtsverlust bei einer Meinungsänderung problematisch!

Bei objektivem Studium wollen wir die folgenden einfachen Richtlinien beachten.

1. Ein Vers muss im Licht des unmittelbaren Zusammenhanges studiert werden. Handelt der Kontext von Dienst, sollten wir ihn nicht auf Errettung anwenden.

2. Ein Vers muss im Licht des gesamten Wortes Gottes interpretiert werden. Keine Passage widerspricht Dutzenden von anderen Versen, wenn sie recht verstanden wird.

3. Definitionen sollten alle gebräuchlichen Verwendungen des Wortes einbeziehen.

4. Eine Lehre muss auf all dem aufbauen, was die Bibel über diesen Gegenstand lehrt.

Aus dem Titel des Buches geht eindeutig der Standpunkt des Autors hervor, dass der Gläubige auf ewig sicher ist. In der Folge unternimmt er in diesem Buch den Versuch, für diese Überzeugung eine biblische Grundlage aufzuzeigen. Er möchte auch jene Bibelstellen erklären, die häufig als Beweis herangezogen werden, dass ein Christ seine Errettung verlieren kann.

Mancher wird sich vielleicht wundern, warum in dieser Arbeit so wenige Verse aus dem Alten Testament verwendet werden, um die ewige Errettung zu begründen und warum die Verse aus dem Alten Testament auch nur wenig Raum einnehmen, wenn es darum geht, die an Bedingungen geknüpfte Errettung darzulegen. Warum ist das so?

Der Grund ist, dass das Alte Testament zu diesen Themen keinen klaren Standpunkt bezieht. Zum Beispiel gibt es dort nur ganz wenige Stellen, die sich mit dem Leben nach dem Tod im Himmel beschäftigen. Ohne Frage sind jüdische Gläubige durch den Glauben an den Herrn errettet worden. Ich habe auch keinen Zweifel, dass es sich dabei um eine ewige Errettung handelt. Obwohl das Volk Gottes eine himmlische Hoffnung hatte (Hebr 11,16), war der Schwerpunkt ihrer Erwartung das messianische Königreich hier auf der Erde. Der ganze Themenkreis ums Jenseits war in einen geheimnisvollen Nebel gehüllt. Das gibt der Ankündigung von Paulus ein besonderes Gewicht, wenn er sagt: »... dass unser Heiland Jesus Christus den Tod zunichte gemacht, aber Leben und Unvergänglichkeit ans Licht gebracht hat« (2Tim 1,10). Wahrheiten, die im Alten Testament nur im Keim enthalten sind, werden im Neuen Testament entfaltet.

Um dem Vorwurf entgegenzutreten, dass wir die Stellen des Alten Testamentes nur meiden, um Schwierigkeiten aus dem Weg zu gehen, sollten wir erwähnen, dass einige der wichtigsten Arbeiten über eine an Bedingungen geknüpfte Errettung ihre Darlegung *ebenfalls* auf das Neue Testament beschränken.

Sie gehen nicht verloren ewiglich

Eine der überzeugendsten Aussagen über die Sicherheit der ewigen Errettung des Gläubigen finden wir in Johannes 10,27–29. Jeder, der diese Stelle liest, wird einen guten Grund dafür haben, wenn er glaubt, dass einem Wiedergeborenen das ewige Leben sicher ist. Es ist wirklich schwierig zu verstehen, wie jemand bei diesem Vers zu einer anderen Anschauung gelangen kann. Wir wollen diese Passage Satz für Satz untersuchen und uns an der Gewissheit erfreuen, die sie gibt.

> *Meine Schafe hören meine Stimme, und ich kenne sie, und sie folgen mir; und ich gebe ihnen ewiges Leben, und sie gehen nicht verloren ewiglich, und niemand wird sie aus meiner Hand rauben. Mein Vater, der sie mir gegeben hat, ist größer als alle, und niemand kann sie aus der Hand meines Vaters rauben* (Joh 10,27–29).

Meine Schafe hören meine Stimme, und ich kenne sie, und sie folgen mir. Das ist eine eindeutige Feststellung. Sie teilt uns mit, wer die Schafe Christi sind. Es sind Menschen, die Sein Wort hören, die auf Seine Stimme im Evangelium antworten und gerettet sind.

Er kennt sie. Er betrachtet sie als Sein Eigentum. Er unterscheidet sie von den Ungläubigen und von falschen Lehrern. Er kann feststellen, ob der Glaube echt ist, auch wenn niemand von uns das erwarten würde, wie im Fall von Lot (2Petr 1,17) und Simson (Hebr 11,32).

Sie folgen Ihm. Das ist keine Bedingung. Er sagt *nicht*, dass sie Seine Schafe sind, *falls* sie Ihm folgen, oder *so lange* sie Ihm folgen. Vielmehr ist das Nachfolgen das, was einen wahren Gläubigen kennzeichnet. Üblicherweise folgt er Christus nach (siehe Joh 10,4–5). Ich sage »üblicherweise«, denn niemand erfüllt diesen Anspruch vollkommen. Wir alle »neigen zum Irrtum … neigen dazu, den Gott, den wir lieben, zu verlassen«. Aber der Hirte übernimmt die Verantwortung und bringt die irrenden Schafe zurecht.

Ich gebe ihnen ewiges Leben. Wieder handelt es sich hier um eine Verheißung, die an keine Bedingung geknüpft ist. Es ist nichts

Kleingedrucktes hinzugefügt. Ewiges Leben ist ein Geschenk. Ein Geschenk, das an Bedingungen geknüpft ist, ist überhaupt kein Geschenk! Jeder, der sein Leben dem Herrn Jesus Christus zur Errettung seiner Seele anvertraut hat, kann auf Grund der Autorität des Wortes Gottes wissen, dass er ewiges Leben hat.

Sie gehen nicht verloren ewiglich. Bedenke einen Augenblick lang die Folgen, wenn ein Schaf Christi jemals verloren ginge. Christus hätte dann sein Versprechen gebrochen! Er wäre nicht länger Gott. Die Dreieinheit wäre zerbrochen. Die Bibel wäre unzuverlässig. Wir wären noch in unseren Sünden. Das kann nicht sein, denn das Einhalten der Verheißungen ist allein die Sache Christi und nicht die Seiner Schafe.

Und niemand wird sie aus meiner Hand rauben. Jesus Christus, der ewige Sohn Gottes, garantiert, dass Seine Schafe in Seiner Hand bleiben und dass niemand sie mit Gewalt wegnehmen kann.

Arminianer argumentieren: »Niemand *anderer* kann sie wegreißen, aber der Gläubige *selbst* kann das tun.« Das ist bizarr – dass ein wahrer Christ mehr Macht haben soll als jeder andere im Universum. Niemand – und das schließt das Schaf mit ein – kann ihn dem starken Griff des Schäfers entreißen.

Mein Vater, der sie mir gegeben hat, ist größer als alle. Um die Gewissheit für einen Christen noch mehr zu betonen, stellt Jesus fest, dass wahre Gläubige des Vaters Geschenk an den Sohn sind. Wenn ein Gläubiger sich selbst aus der Hand Christi herausreißen könnte, dann ist es auch vorstellbar, dass all Seine Schafe das tun könnten. Sie könnten nicht nur; höchstwahrscheinlich würden sie es tun. In diesem Fall würde das Geschenk Gottes an Seinen Sohn sich in Nichts auflösen. Welche Art von Geschenk wäre das dann? Natürlich wäre eine solche Vorgangsweise unwürdig für den Vater.

Nein, der Vater ist größer als alles, das heißt, größer als alle anderen Mächte im Universum und selbstverständlich auch größer als die Kraft eines Schafes. »Alle« umfasst auch die Schafe.

Niemand kann sie aus der Hand meines Vaters rauben. Ist es im Licht einer so wunderbaren Zusicherung nicht abwegig, was Leute einem wahren Schaf Christi unterstellen, dass es beschließen könnte, nicht länger ein Schaf sein zu wollen und sich selbst aus der Hand des Vaters entfernen möchte?

Das Argument ist nicht stichhaltig. Das Wort »niemand« ist umfassend. Es erlaubt keine Ausnahme. Der inspirierte Text sagt nicht »niemand außer dem Schaf Christi selbst« – und wir sollten das auch nicht sagen.

Aus Gnade durch Glauben

Jedes Mal, wenn ich über die ewige Gewissheit nachdenke, fällt mir als eine der ersten Stellen Epheser 2,8–10 ein.

> *Denn aus Gnade seid ihr errettet durch Glauben, und das nicht aus euch, Gottes Gabe ist es; nicht aus Werken, damit niemand sich rühme. Denn wir sind sein Gebilde, in Christus Jesus geschaffen zu guten Werken, die Gott vorher bereitet hat, damit wir in ihnen wandeln sollen.*

Errettung geschieht durch Gnade. Das heißt, dass sie niemandem zusteht. Errettung ist das unverdiente Wohlwollen Gottes für diejenigen, denen ewige Verdammnis gebührt. Sie gibt alles für jemanden, der nichts verdient. Sie ist ein Geschenk, das nicht zurückgefordert wird, wenn man es erhalten hat (Röm 11,29). Das Geschenk ist bedingungslos. Wenn du Bedingungen hinzufügst, wird daraus Schuldigkeit, keine Gnade, und schließlich ist Gott niemandem etwas schuldig (Röm 11,35). Eine Gnade, die an Bedingungen geknüpft ist, ist überhaupt keine Gnade. Die einzige Möglichkeit, wie jemand sich seiner Errettung sicher sein kann, ist, wenn er aus Gnade errettet wird (Röm 4,16).

In diesem Abschnitt erinnert Paulus die Epheser daran, dass sie aus Gnade errettet worden sind. Als sie Jesus Christus durch Glauben als Herrn und Erretter angenommen haben, sind sie errettet worden und sind es noch. Es gab nichts Kleingedrucktes im Vertrag. Es war ein geistliches Ereignis mit Auswirkungen, die in die Gegenwart reichen. Die Androhung einer möglichen ewigen Verdammnis hat keine Rechtsgrundlage. Es gibt kein »falls« nach dem Wort »gerettet«. Das Fehlen ist auffallend.

Gott schenkt die Errettung umsonst, aber der Sünder muss dieses Geschenk annehmen. Das ist der Punkt, an dem der Glaube ins Spiel kommt. Glaube ist das bedingungslose Vertrauen in das Wort Gottes. Der Herr zwingt keinen Menschen. Er holt niemanden in den Himmel, der dort nicht hin will. Um errettet zu werden, muss jeder Jesus Christus in einem bewussten Glaubensschritt annehmen. Glaube ist kein Verdienst und lässt deshalb der Prahlerei keinen Raum. Es kommt nicht auf die *Menge* des Glaubens an, sondern auf die *Person,* auf die der Glaube gerichtet ist.

Wenn Paulus »und das nicht aus euch« hinzufügt, denken manche Leute verständlicherweise, dass er vom Glauben spricht. Sie kommen dann zu der Schlussfolgerung, dass Gott den einen Menschen Glauben gibt und ihn den anderen vorenthält. Das aber ist eine merkwürdige Schlussfolgerung. »Und das nicht aus euch« bezieht sich auf »Errettung aus Gnade durch Glauben«.[4] Was Paulus hier sagt ist, dass ein Mensch keine Leistung vollbringen kann, um errettet zu werden und nicht einmal etwas zu seiner Errettung beitragen kann. Der ganze Verdienst ist in Christus und nicht in dem Gläubigen.

Wie wir schon gesehen haben, gibt Gott das Geschenk der Errettung umsonst. Wenn Er ewiges Leben bedingungslos verspricht, können später keine Einschränkungen hinzugefügt werden, um dieses Versprechen ungültig zu machen. Wenn Er ein Geschenk macht, kann kein späteres Gesetz es auslöschen.

Errettung ist »nicht aus Werken, damit niemand sich rühme«. Es gibt keine Leistung, die ein Mensch vollbringen kann, um Errettung zu erlangen.[5] Sonst wäre der Himmel mit Menschen bevölkert, die mit ihren eigenen Errungenschaften angeben. Errettung ist vom Anfang bis zum Ende das Werk des Herrn. Der Mensch ist nur der glückliche Empfänger. Er ist »nur ein Sünder, der aus Gnade errettet ist« und wird das immer bleiben. Gnade und Werke schließen sich gegenseitig aus (Röm 11,6).

Vers 10 betont, dass Werke nicht das Mittel zur Erlösung sind, sondern die Folge. Sie sind nicht die Wurzel, sondern die Frucht. Wir sind nicht durch gute Werke errettet, sondern um gute Werke zu tun. Das ist der Zweck unserer Erschaffung in Christus Jesus. Gott hat, bevor wir errettet wurden, gute Werke vorbereitet, damit wir sie in unserem Leben als Gläubige vollbringen.

Durch all die Jahrhunderte hindurch haben Millionen von Menschen ihr ewiges Geschick auf die Wahrheit Gottes gegründet, die in diesen Versen liegt. Nicht einer von ihnen ist enttäuscht worden und keinem ist es missglückt, schließlich den Himmel zu erreichen.

Die Sicherheit des Gläubigen in Römer 8

Nirgends in der Bibel wird die Sicherheit des Gläubigen klarer und sorgfältiger gelehrt als im achten Kapitel des Römerbriefes. Paulus stapelt Wahrheit auf Wahrheit, um zu zeigen, dass nichts und niemand einem Christen seine ewige Bestimmung mit Christus im Himmel rauben kann.

In den Versen 29 und 30 zeigt uns der Apostel fünf Schritte aus Gottes großartigem Plan von Ewigkeit zu Ewigkeit.

> *Denn die er vorher erkannt hat, die hat er auch vorherbestimmt, dem Bilde seines Sohnes gleichförmig zu sein, damit er der Erstgeborene sei unter vielen Brüdern. Welche er aber vorherbestimmt hat, diese hat er auch berufen; und die er berufen hat, diese hat er auch gerechtfertigt; die er aber gerechtfertigt hat, diese hat er auch verherrlicht* (Röm 8,29–30).

Er hat uns zuvorerkannt. Das heißt mehr als nur, dass Er in ewiger Vergangenheit gewusst hat, wer Christus als seinen Erretter wählen würde. Gott hat auch Israel vorher erkannt (Röm 11,2). Das heißt, dass Er diese Nation als Sein Volk auf der Erde *auserwählt* hat. Bestimmt heißt das nicht, dass das Volk Israel Ihn erwählt hat, denn Israels Geschichte beweist uns das Gegenteil. Es war nur Gnade. Und doch entbindet Gottes Vorkenntnis den Menschen nicht von seiner Verantwortung.

Er hat uns zuvorbestimmt. Es war Gottes Ziel, dass diejenigen, die Er zuvorbestimmt hat, moralisch, geistlich und physisch wie Sein Sohn werden, in einem verherrlichten Leib. Alle, die an den Herrn Jesus glauben, sind Söhne Gottes. Aber Er hat einen *einzigartigen* Sohn. Und der Vater hat beschlossen, dass Jesus die geehrteste Stelle (als Erstgeborener) unter Seinen anderen Söhnen und Töchtern einnehmen soll.

Er hat uns berufen. Seine Vorkenntnis und Vorherbestimmung fand schon vor Grundlegung der Welt statt, seine Berufung in der Zeit. In gewissem Sinn beruft Er jeden, der die Verkündigung des Evangeliums hört. An dieser Stelle denkt der Apostel jedoch an Seine *tatsächliche* Berufung – tatsächlich in dem Sinn, dass einige Menschen auf das Evangelium antworten und sich bekehren.

Er rechtfertigt uns. Wenn wir bereuen und glauben, erklärt Gott uns für gerecht. Er spricht uns von jeder Anklage frei. Das ist mehr, als nur für unschuldig erklärt zu werden. Er erklärt uns in Wirklichkeit für gerecht. Wir stehen vor Ihm, bekleidet mit Seiner eigenen Gerechtigkeit.

Das ist kein Urteil, das von unserer Leistung abhängt. Es ist eine Erklärung, die ein für allemal festlegt, dass der gläubige Sünder von jeder Anklage befreit wurde. Weil all seine Sünden vom Augenblick der Geburt bis zu seinem Tod durch den Opfertod Christi gesühnt worden sind, kann Gott, der Richter, keine einzige Sünde finden, für die Er ihn mit dem ewigen Tod bestrafen müsste.

Er hat uns verherrlicht. Das ist der Höhepunkt dieser fünffachen Argumentationskette. Der Heilige Geist wagt es, das Verb in die Vergangenheit zu setzen – Er hat uns verherrlicht –, auch wenn unsere gegenwärtigen Unzulänglichkeiten uns nur zu lebhaft daran erinnern, dass wir den verherrlichten Zustand noch nicht erreicht haben. Der springende Punkt ist, dass die Verherrlichung so sicher ist, als hätte sie schon stattgefunden, sobald ein Mensch gerechtfertigt worden ist.

Bedenke die Auswirkungen dieser Tatsache! Wenn Gott eine bestimmte Anzahl von Menschen zuvorerkannt oder erwählt hat, dann hat Er exakt die gleiche Anzahl von Menschen vorherbestimmt, dem Bild Seines Sohnes gleich zu werden. Wenn Er die Anzahl vorherbestimmt hat, dann wird jeder von ihnen an den Herrn Jesus glauben. Die Vollzahl der Berufenen wird beim Gericht für gerecht erklärt werden. Und die gleiche Anzahl von Gerechten kann sicher sein, einen Platz im Himmel zu erhalten. Nicht einer wird fehlen, weil er das Ziel nicht erreicht hat.

Paulus ist noch immer nicht fertig. Im Rest des Kapitels besiegelt er die uneinnehmbare Position eines Menschen in Christus. Er durchforscht das ganze Universum, um etwas zu finden, das ihn von der Liebe Gottes trennen könnte – und kommt mit leeren Händen zurück.

> *Was sollen wir nun hierzu sagen? Wenn Gott für uns ist, wer gegen uns? Er, der doch seinen eigenen Sohn nicht verschont, sondern ihn für uns alle hingegeben hat: wie wird er uns mit ihm nicht auch alles schenken? Wer wird gegen Gottes Auserwählte Anklage erheben? Gott ist es, der rechtfertigt. Wer ist, der verdamme? Christus Jesus ist es, der gestorben, ja noch mehr, der auferweckt, der auch zur Rechten Gottes ist, der sich auch für uns verwendet. Wer wird uns scheiden von der Liebe Christi? Bedrängnis oder Angst oder Verfolgung oder Hungersnot oder Blöße oder Gefahr oder Schwert? Wie geschrieben steht: »Um deinetwillen werden wir getötet den ganzen Tag; wie Schlachtschafe sind wir gerechnet worden«. Aber in diesem allen sind wir mehr als Überwinder durch den, der uns geliebt hat. Denn ich bin überzeugt, dass weder Tod noch Leben, weder Engel noch Gewalten, weder Gegenwärtiges noch Zukünftiges, noch Mächte, weder Höhe noch Tiefe, noch irgendein anderes Geschöpf uns wird scheiden können von der Liebe Gottes, die in Christus Jesus ist, unserem Herrn* (Röm 8,31–39).

Der Apostel benutzt hier fünf weitere Argumente, um zu zeigen, dass niemand sich seiner Errettung gewisser sein kann, als jemand, der Christus als seinem Erlöser vertraut hat.

Gott ist für uns. Solange Gott auf unserer Seite ist, sind unsere Gegenspieler die Gegenspieler Gottes. Nichts kann sinnloser sein, als gegen Gott zu kämpfen. Kein Angriff auf uns kann auf lange Sicht erfolgreich sein.

Das Größere schließt das Geringere ein. Gott hat das größte Opfer bereits vollbracht, indem Er Seinen Sohn auf die Erde gesandt hat. Und Er hat das größte Geschenk bereits gegeben, indem Er uns durch Ihn erlöst hat. Daraus folgt, dass Er uns mit Ihm alles großzügig geben wird. Und »alle Dinge« beinhalten das Geschenk von vollkommener, vollständiger und ewiger Errettung. Weil es ein kostenloses Geschenk ist, ist es bedingungslos und nicht auf

Probe. Alles hängt von der Großzügigkeit des Gebers ab und nichts vom Verdienst des Empfängers.

Niemand kann anklagen. Es ist so, dass niemand das zu Recht oder erfolgreich tun kann. Der Teufel klagt uns zwar Tag und Nacht an (Offb 12,10). Aber was macht das schon aus, wenn Gottes Gerechtigkeit auf unser Konto gebucht worden ist.

Niemand kann verdammen. Der Grund ist, dass Christus gestorben ist, um unsere Verdammnis auf dem Kreuz zu tragen. Er ist auferstanden – ein Beweis dafür, dass Gott mit Seinem stellvertretend für uns vollbrachten Werk vollständig zufriedengestellt worden ist. Er ist zur Rechten Gottes als unser Hoherpriester und unser Fürsprecher. Er verwendet sich für uns und Seine Macht gibt uns Gewissheit und sorgt dafür, dass wir in Sicherheit sind.

Da ist keine Verdammnis für die, die in Christus Jesus sind. Ihre Schuld ist bezahlt worden und Gott verlangt die Bezahlung nicht zweimal.

Nichts kann uns scheiden. Leidenschaftlich durchwühlt Paulus Zeit und Raum, um irgendetwas zu finden, das einen Gläubigen von der Liebe Gottes trennen könnte, die in Christus Jesus ist, unserem Herrn. Seine Suche bleibt ergebnislos.

Beachte den Ausdruck »noch irgendein anderes Geschöpf«. Manche argumentieren, dass zwar kein anderes Geschöpf den Gläubigen von Gott trennen kann, aber er selbst kann es. So kann man mit der Schrift nicht umgehen. Der Gläubige ist in dem Begriff »irgendein anderes Geschöpf« mit eingeschlossen. Beharrlich wiederholt der Heilige Geist, dass nichts und niemand – einschließlich dem Gläubigen selbst – ihn von der Liebe Gottes trennen kann.

Was brauchen wir noch weitere Argumente? Was brauchen wir noch weitere Zeugen?

Viel mehr

Denn Christus ist, als wir noch kraftlos waren, zur bestimmten Zeit für Gottlose gestorben. Denn kaum wird jemand für einen Gerechten sterben; denn für den Gütigen möchte vielleicht jemand auch zu sterben wagen. Gott aber erweist seine Liebe zu uns darin, dass Christus, als wir noch Sünder waren, für uns gestorben ist. Vielmehr nun, da wir jetzt durch sein Blut gerechtfertigt sind, werden wir durch ihn vom Zorn gerettet werden. Denn wenn wir, als wir Feinde waren, mit Gott versöhnt wurden durch den Tod seines Sohnes, so werden wir viel mehr, da wir versöhnt sind, durch sein Leben gerettet werden. Nicht allein aber das, sondern wir rühmen uns auch Gottes durch unseren Herrn Jesus Christus, durch den wir jetzt die Versöhnung empfangen haben (Röm 5,6–11).

Die Worte »viel mehr« in diesem Abschnitt verdienen besondere Beachtung, wenn es um die Heilssicherheit des Gläubigen geht. Im Folgenden sehen wir den Gedankenfluss:

Christus ist für uns gestorben, als wir weder gerecht noch gut waren. In Wirklichkeit waren wir kraftlose, gottlose Sünder. Mit anderen Worten – wir hatten nichts vorzuweisen, womit wir uns Gott empfehlen könnten. Nichts hat uns für Seine Liebe anziehend gemacht. Es hat im Gegenteil stichhaltige Gründe gegeben, warum Er, der einzig Heilige, uns *keine* Liebe entgegenbringen sollte. Und doch passierte es, als wir in eben diesem vollkommen unwürdigen Zustand waren, dass Gott uns geliebt hat und Christus für uns gestorben ist!

Das bringt uns zum Ersten »viel mehr«. Wenn der Herr uns liebte, als wir nichts Liebenswertes an uns hatten, wie viel mehr wird Er uns nun vom ewigen Zorn retten, wenn wir durch Sein Blut gerechtfertigt sind. Wenn Er so enorme Kosten aufgewendet hat, um uns gerecht zu sprechen, wird Er uns dann aus Seiner Hand gleiten lassen? Wird Er uns jemals weggehen lassen? Die Frage verdient ein überwältigendes »Nein!«

Zu all unseren anderen Fehlern kam dazu, dass wir Feinde Gottes waren. Man könnte annehmen, dass diese Tatsache allein ausreichen würde, uns jede Möglichkeit zu nehmen, Seine Gnade zu erlangen. Aber zu dem Zeitpunkt, als wir Seine Feinde waren, hat Er uns mit sich versöhnt durch den Tod Seines Sohnes.

Und nun kommt das zweite »viel mehr«. Durch das Werk des Herrn Jesus auf Golgatha hat Gott einen Weg vorbereitet, durch den wir mit Ihm versöhnt werden können. Wenn wir Buße tun und glauben, ist die Feindschaft beseitigt. »Da wir nun gerechtfertigt worden sind aus Glauben, so haben wir Frieden mit Gott durch unseren Herrn Jesus Christus« (Röm 5,1). Wenn der Preis unserer Erlösung der Tod von Gottes Sohn war, wie viel mehr werden wir als Erlöste errettet werden durch Sein Leben. Wenn Christus für uns gestorben ist, als wir Feinde waren, wird Er uns jetzt umkommen lassen, wo wir Seine Freunde geworden sind?

Wie werden wir durch Sein Leben gerettet? Damit ist nicht Sein Leben als Mensch auf dieser Erde gemeint. Gemeint ist Sein gegenwärtiges Leben zur Rechten Gottes im Himmel, wo Er unser Anwalt, Fürsprecher, Hoherpriester und Hirte ist.

An dieser Stelle sollten wir uns daran erinnern, dass Errettung drei Zeiten hat.

Vergangenheit. Wir *sind errettet worden* von den ewigen Folgen der Sünde, als wir uns Christus anvertraut haben. Als Er gestorben ist, lagen all unsere Sünden in der Zukunft und Er bezahlte die ganze Strafe.

Gegenwart. Wir *werden jetzt errettet* von der Macht der Sünde. Das ist gemeint mit der Aussage »wir werden durch Sein Leben gerettet«. Wenn unsere Heilssicherheit Tag für Tag von unseren miserablen Fähigkeiten abhängen würde, wären wir alle verloren. Wir werden durch Seine Fürsprache bewahrt. Wir bleiben in unserer Stellung, weil Er unsere Sache vertritt. Wir sind in Sicherheit, weil Er uns wiederherstellt, wenn wir straucheln.

Zukunft. Wir *werden errettet werden* von der Gegenwart der Sünde. Das bezieht sich natürlich auf die Zeit, wenn wir im Himmel sein werden; dort wird auch die letzte Spur von Sünde beseitigt sein.

Das Argument ist eindeutig. Wenn Gott uns errettet hat vom Zorn, indem Sein Sohn für uns gestorben ist, wird Er uns diesen Zorn nie mehr spüren lassen. Wenn wir durch das Blut Christi mit Gott versöhnt wurden, als wir noch Feinde waren, wird Er die Fortsetzung unserer Errettung sicherstellen, indem sich Christus beständig für uns einsetzt.

Der Geist der Gewissheit

Keine Abhandlung über die ewige Sicherheit eines Gläubigen kann vollständig sein, wenn der Dienst des Heiligen Geistes nicht einbezogen wird. Er selbst ist das Unterpfand dafür, dass jeder wahre Gläubige den Himmel letztendlich erreichen wird.

Jedes Kind Gottes hat den Heiligen Geist. »Wenn aber jemand Christi Geist nicht hat, der ist nicht sein« (Röm 8,9b). Jesus hat seinen Jüngern versprochen, dass der Geist der Wahrheit in ihnen sein würde (Joh 14,17c). Und Paulus erinnert uns, dass unsere Leiber ein Tempel des Heiligen Geistes sind (1Kor 6,19).

Wenn der Geist in einem Gläubigen Wohnung nimmt, verbleibt Er dort für immer. Als unser Erlöser Ihn ankündigte, sagte Er: »Und ich werde den Vater bitten, und er wird euch einen anderen Sachwalter geben, dass er bei euch sei *in Ewigkeit*« (Joh 14,16). Das ist ein Versprechen, das an keine Bedingungen geknüpft ist. Es gibt hier keine Andeutung, dass der Geist hinwegbetrübt werden könnte.

Die dritte Person der Dreieinheit ist dem Christen als Siegel gegeben.

> *Der (Gott) uns auch versiegelt … hat* (2Kor 1,22).

> *In ihm [seid] auch ihr, nachdem ihr … gläubig geworden seid, versiegelt worden mit dem Heiligen Geist* (Eph 1,13b).

Das Siegel ist ein Bild für Besitzanspruch und Sicherheit. Jeder, der den Geist hat, ist Gottes Eigentum. In diesem Sinn ähnelt das Siegel dem Brandzeichen der Rinder oder der Farbmarkierung der Schafe. Sie bezeichnen den Eigentümer.

Wie ein Siegel garantiert der Heilige Geist den ewigen Bestand eines Kindes Gottes.

> *Und betrübt nicht den Heiligen Geist Gottes, mit dem ihr versiegelt worden seid auf den Tag der Erlösung hin* (Eph 4,30).

Der Tag der Erlösung wird zu der Zeit sein, wenn wir unseren Herrlichkeitsleib empfangen. Genauso sicher wie wir das Siegel empfangen haben, werden wir letztendlich den Himmel erreichen.

Der Heilige Geist ist den Kindern Gottes auch als Unterpfand oder Anzahlung gegeben worden.

> *Der (Gott) uns auch … das Unterpfand des Geistes in unsere Herzen gegeben hat* (2Kor 1,22).

> *Der uns aber eben hierzu bereitet hat, ist Gott, der uns das Unterpfand des Geistes gegeben hat* (2Kor 5,5).

Das Unterpfand ist eine Anzahlung oder ein Versprechen. Wenn ein Haus gekauft wird, macht der Käufer eine Anzahlung und bestätigt damit, dass der volle Kaufpreis folgen wird. Wenn ein Paar Verlobung feiert, ist der Verlobungsring ein Versprechen, dass die Hochzeit folgen wird.[6] Der Heilige Geist ist das Unterpfand für Gottes Versprechen an den Gläubigen, dass ihr ganzes Erbteil folgen wird. Wenn wir errettet werden, werden unser Geist und unsere Seele erlöst, aber wir sind noch in einem Körper, der Krankheit und Tod ausgeliefert ist. Die Erlösung unseres Leibes und unsere Wohnung im Himmel sind noch immer zukünftig. Aber das Unterpfand des Geistes sichert uns den Erhalt zu. Paulus bestätigt das in Epheser 1,14:

> *(Der versprochene Heilige Geist) ist das Unterpfand unseres Erbes auf die Erlösung seines Eigentums zum Preise seiner Herrlichkeit* (Eph 1,14).

Ein anderes Bild, das im Zusammenhang mit dem Geist Verwendung findet, ist das Bild der Erstlingsfrucht. Zur Zeit des Alten Testamentes hat ein Bauer Gott eine Hand voll des ersten reifen Getreides geopfert, als Dank für die Ernte, die noch eingebracht werden würde. Paulus sieht hier einen geistlichen Zusammenhang:

> *Nicht allein aber sie, sondern auch wir selbst, die wir die Erstlingsgabe des Geistes haben, auch wir selbst seufzen in uns selbst und erwarten die Sohnschaft: die Erlösung unseres Leibes* (Röm 8,23).

Die Erstlingsfrucht des Geistes ist bereits in unserem Besitz, wie Unterpfand und Siegel, die wir schon besprochen haben. Wir sehnen uns jedoch nach der Vollendung seines Dienstes in unserem Leben – die Erlösung unserer Leiber.

Es gibt eine besondere Art des Leidens bei denen, die die Erstlingsgabe des Geistes besitzen: Wir seufzen in uns selbst und erwarten die Sohnschaft: Die Erlösung unseres Leibes (Vers 23). Das »wenn« von Römer 8,17 drückt also nicht das mögliche Leiden einiger weniger aus, sondern das unausweichliche Privileg von *allen* von Gottes Volk.

Wir sind in dieser Hoffnung erlöst worden, der Hoffnung der ewigen Gemeinschaft mit unserem Herrn im Himmel. Aber es gibt keine Ungewissheit in dieser Hoffnung[7] , denn sie ist auf das Wort Gottes gegründet, der Sache mit der größten Gewissheit im Universum.

Ein weiterer Dienst des Geistes verdient Erwähnung, nämlich die Salbung. In 1. Johannes 2,27 schreibt der Apostel Johannes:

> *Und ihr! Die Salbung, die ihr von ihm empfangen habt, bleibt in euch, und ihr habt nicht nötig, dass euch jemand belehre, sondern wie seine Salbung euch über alles belehrt, so ist es auch wahr und keine Lüge. Und wie sie euch belehrt hat, so bleibt in ihm!*

Die Salbung hier bezieht sich auf den Dienst des Heiligen Geistes, zu unterweisen und Gläubigen die Fähigkeit zu geben, zwischen Wahrheit und Lüge zu unterscheiden. Beachte die Worte »bleibt in euch«. Die Salbung hat nicht die Eigenart, zu erscheinen und wieder zu verschwinden! Sie bleibt in dem Kind Gottes, weil der Heilige Geist bleibt.

All die Dienste des Helfers, die wir erwähnt haben, sind dafür bestimmt, den Christen mit tiefster Gewissheit zu erfüllen, was seine Bestimmung für den Himmel angeht. Es gibt keinen Anlass für die Vermutung, dass ein aufrichtiges Kind Gottes seine Errettung verlieren könnte. Der Heilige Geist garantiert, dass wir unsere verherrlichten Leiber schließlich erhalten werden. Unsere ewige Errettung und der Heilige Geist gehören zusammen. Nur wenn der Heilige Geist die Fähigkeit hätte zu versagen, könnte auch unsere Errettung ins Wanken geraten.

In Christus

Sobald jemand an den Herrn Jesus glaubt, ist er »in Christus«. Das bezieht sich auf die gesegnete Stellung, die Gott ihm gibt. Der Herr sieht ihn nicht länger als unwürdig an, sondern sieht ihn gekleidet mit der ganzen Würde Christi.

In Christus war der Gläubige erkannt, erwählt und vorherbestimmt vor Grundlegung der Welt (Röm 8,28–30). Offensichtlich war das zu einem Zeitpunkt, an dem er weder Gutes noch Böses getan hat. Da Gott allwissend ist, wusste Er im Voraus, was ein Auserwählter jemals tun würde. Und doch hat Er ihn erwählt und ihn dafür ausersehen, für immer Seinem Sohn gleich zu sein. Wenn ein Gläubiger jemals seine Errettung verlieren könnte, würde nicht eintreten, was der Herr beschlossen hat. Und Seine Auswahl wäre ein Fehler gewesen. Aber es ist unmöglich, dass Gott Fehler macht.

In Christus ist einem Gläubigen vergeben, er ist begnadigt, wiederhergestellt und von jeder Verurteilung freigesprochen. Wenn der Fortbestand seiner Errettung von eigener Leistung abhängen würde, müsste Gott all den Segen widerrufen, den Er vollkommen unabhängig vom Verdienst des Einzelnen verliehen hat. Tatsächlich hat Gott gesegnet, obwohl wir das Gegenteil verdient haben. Ist es möglich, dass Gott in dieser Sache Seine Meinung ändert? Es ist ausgeschlossen.

In Christus ist der Gläubige in der Stellung eines Gerechten. Er ist mit der Gerechtigkeit Gottes bekleidet (2Kor 5,21). Nicht er selbst ist gerecht, sondern Gottes Gerechtigkeit ist ihm zugerechnet worden. Das und nur das allein befähigt ihn »für das Erbe der Heiligen im Licht«.

In Christus ist ein gläubiger Sünder angenommen (Eph 1,6). In Christus ist er Gott so nahe und vertraut wie Christus es ist. Bevor er diese bevorzugte Stellung einbüßen kann, müsste der Herr Jesus Sein Angenommensein bei Gott verlieren. Nichts ist undenkbarer.

In Christus ist ein Kind Gottes vollkommen (Kol 2,10). Christus ist seine Vollkommenheit für den Himmel. Christi Verdienst und die Eignung des Gläubigen für den Himmel gehören zusammen.

Der Gläubige ist nicht nur in Christus; Christus ist im Gläubigen. Die Einheit ist so vollständig, dass der Apostel Paulus sagen kann: »Wer aber dem Herrn anhängt, ist ein Geist mit Ihm« (1Kor 6,17). Es kann keine Verbindung geben, die enger oder unzertrennlicher ist.

Es kann kein größeres Geheimnis geben, als in Christus zu sein und in Ihm eingepflanzt zu sein. Die Stellung der Errettung bleibt bestehen, solange Christus bestehen bleibt, also ewig.

Glieder des Leibes

In dem Augenblick, in dem ein Mensch sich dem Herrn Jesus anvertraut, versetzt ihn der Heilige Geist in den Leib Christi. Das ist eine andere Bezeichnung für die Versammlung. Christus ist das Haupt und alle Gläubigen sind Glieder. Paulus schreibt: »Denn wie der Leib einer ist und viele Glieder hat, alle Glieder des Leibes aber, obgleich viele, ein Leib sind: so auch der Christus« (1Kor 12,12). Die Bezeichnung »Christus« wird hier wie niemals zuvor verwendet. Sie bezieht sich nicht nur auf das Haupt im Himmel, sondern auch auf die Glieder im Himmel und auf der Erde. Das spricht beredt von der Einheit, die zwischen dem Herrn und den Seinen besteht.

Im erwähnten Kapitel zieht der Apostel einen Vergleich zwischen den Gliedern des menschlichen Körpers und den Gliedern des Leibes Christi. Er betont, dass kein Glied unwichtig ist: Jedes einzelne ist notwendig und hat eine einzigartige Rolle zu erfüllen. Und kein Glied sollte meinen, dass es selbständig sein kann. Sie alle sind voneinander abhängig.

Nimm nun einmal an, dass das Undenkbare passiert! Ein Glied entfernt sich selbst kraft seines eigenen Willens aus dem Leib. Es beschließt, dass es nicht länger ein Glied sein will. Das ist wirklich merkwürdig! Es war ein Akt göttlicher Macht, der dieses Glied in den Leib verpflanzt hat, aber nun hat es die Macht, das aus eigener Kraft ungeschehen zu machen? Unmöglich!

Oder nimm an, dass der Herr einen Gläubigen wegen schwerwiegender und andauernder Sünde aus dem Leib entfernt, wie manche glauben. Das ist nicht die Art, wie das Haupt der Versammlung in Epheser 5 dargestellt wird. Hier ist Er der Heiland des Leibes, nicht sein Verderber (Vers 23). Er liebt die Versammlung und gab sich selbst für sie hin (Vers 25). Er hasst nicht sein eigenes Fleisch, sondern nährt und pflegt es (Vers 29).

Die Vollkommenheit des Herrn Jesus verbietet es, dass Sein Leib jemals unvollständig oder verstümmelt ist, oder amputierte Glieder hat. Sein letztes Ziel ist es, eine verherrlichte Gemeinde zu haben, ohne Flecken, Runzel oder Makel oder irgendetwas dergleichen. Natürlich verbietet das jede Unvollkommenheit oder jedes Fehlen eines Gliedes.

Harold Barker führt aus, dass unser Schicksal mit dem Schicksal Christi verknüpft ist, weil wir Glieder des Leibes Christi sind. Wo Er sich in Ewigkeit aufhalten wird, da werden wir auch sein (Joh 14,3).[8]

Ewiges Leben oder nicht ewiges Leben

Einer der beliebtesten Verse in der Bibel ist Johannes 3,16:

> *Denn so hat Gott die Welt geliebt, dass er seinen eingeborenen Sohn gab, damit jeder, der an ihn glaubt, nicht verloren geht, sondern ewiges Leben hat.*

Millionen haben ihr ewiges Schicksal auf dieser unwiderruflichen Verheißung Gottes gegründet, die ihnen ewiges Leben zusichert, wenn sie an Seinen unvergleichlichen Sohn glauben.

Johannes 3,15 sagt im Wesentlichen dasselbe:

> *… damit jeder, der an ihn glaubt, ewiges Leben habe.*

Jeder, der an Christus glaubt, hat die Zusicherung, dass er nicht verloren gehen wird, sondern schon gegenwärtig im Besitz ewigen Lebens ist.

Glaube und ewiges Leben stehen auch in Johannes 3,36 in Zusammenhang:

> *Wer an den Sohn glaubt, hat ewiges Leben; wer aber dem Sohn nicht gehorcht, wird das Leben nicht sehen, sondern der Zorn Gottes bleibt auf ihm.*

Ob jemand das Leben hat, oder unter dem ewigen Zorn Gottes leidet, hängt davon ab, ob er oder sie an den Sohn Gottes glaubt.

> *Jesus antwortete und sprach zu ihr: Jeden, der von diesem Wasser trinkt, wird wieder dürsten; wer aber von dem Wasser trinken wird, das ich ihm geben werde, den wird nicht dürsten in Ewigkeit; sondern das Wasser, das ich ihm geben werde, wird in ihm eine Quelle Wassers werden, das ins ewige Leben quillt* (Joh 4,13–14).

Das Wasser, welches die Welt anbietet, gibt zeitlich begrenzte Befriedigung. Jesus bringt die gute Nachricht der Errettung durch

Glauben an Ihn. Wer immer von diesem Wasser trinkt, das heißt, wer immer an Ihn glaubt, den wird nicht dürsten in Ewigkeit. Er empfängt ein Leben, das niemals enden wird. Er braucht nicht mehr danach zu dürsten, denn er hat es bereits. Er wird eine innere Quelle besitzen, die ins ewige Leben quillt.

Dass ewiges Leben verheißen ist, steht in unmissverständlicher Klarheit in Johannes 5,24:

> *Wahrlich, wahrlich, ich sage euch: Wer mein Wort hört und glaubt dem, der mich gesandt hat, der hat ewiges Leben und kommt nicht ins Gericht, sondern er ist aus dem Tod in das Leben übergegangen.*

Hier versieht Er das Versprechen mit der Einleitung »wahrlich, wahrlich«[9], um die Gewissheit Seines Wortes noch zu betonen. Derjenige, der an Ihn glaubt, hat ewiges Leben. Und wie um noch einmal jedes Missverständnis auszuschließen, fügt der Heiland hinzu: »und kommt nicht ins Gericht«. Und falls das noch immer nicht reicht, sagt Er auch noch: »er ist aus dem Tod ins Leben übergegangen«.

Kaum hätte der Herr Jesus es klarer und deutlicher ausdrücken können als in Johannes 6,47:

> *Wahrlich, wahrlich, ich sage euch: Wer glaubt, hat ewiges Leben.*

Jeder, der an Ihn glaubt, hat ewiges Leben. Achte darauf, dass nicht eine einzige Bedingung oder Ausnahme angeführt ist.

Ich behaupte nun, dass ein normaler Mensch, der diese Verse liest, zu der eindeutigen Überzeugung kommt, dass ewiges Leben der gegenwärtige Besitz all derer ist, die an den Herrn Jesus glauben. Der Rahm steigt an die Oberfläche. Wie bei der Milch, so liegt auch in der Bibel das Beste oben. Die klare Bedeutung an der Oberfläche ist, dass Glaube und Errettung untrennbar miteinander verbunden sind. Diejenigen, die glauben, sind ewig errettet.

Nun, warum streiten manche Leute das dann ab und lehren, dass die Errettung der Gläubigen an Bedingungen geknüpft ist?

Zuerst einmal setzen sie sich vehement für die Auffassung ein, dass ewiges Leben nicht unbedingt ewig sein muss. Sie haben Recht, wenn sie anmerken, dass ewiges Leben sich nicht nur auf die Dauer, sondern auch auf die Qualität des Lebens bezieht. Es ist mehr als ewige *Existenz*, denn sogar Menschen, die nicht errettet sind, werden ewig existieren. Es ist die Qualität des Lebens – des Lebens Christi, das einem Gläubigen zum Zeitpunkt seiner Bekehrung zuteil wird. Wer nicht errettet ist, besitzt es nicht.

Dann aber scheint es, dass sie den Aspekt der Dauer dieses Lebens missachten und weiterhin sagen, dass man diese Qualität des Lebens nur so lange hat, wie man den Geboten des Herrn gehorcht. Mit anderen Worten, die Erhaltung dieses Lebens gilt immer nur für den Augenblick, in dem man redet. Man kann zwar jetzt ewiges Leben haben, aber schon innerhalb der nächsten Stunde könnte man es verlieren. Wenn das wahr wäre, sollte es »zeitliches Leben« oder »verlierbares Leben« heißen.

Wir dürfen die Qualität des ewigen Lebens nicht von seiner Dauer trennen. Wenn ich das Leben Christi durch den Glauben erhalte, dann habe ich es ewig, denn gerade das ist es – ewiges Leben. Unser Herr hat nicht gesagt: »Glaubt an mich und ihr werdet zeitliches Leben haben.« Er sagte: »Ewiges Leben«. Und genau das meinte Er auch.

Christus zu kennen ist ewiges Leben (Joh 17,3). Wenn jemand Christus einmal kennt, so ist es für ihn unmöglich, sich dafür zu entscheiden, Ihn nicht mehr zu kennen.

Das Wort *ewig* bedeutet endlos. Es wird von Gott (1Tim 1,17) und dem Heiligen Geist (Hebr 9,14) verwendet. Die Strafe der Verlorenen ist ewig (Mk 3,29; Hebr 6,2), genauso wie das Feuer der Hölle (Jud 7). Die Erlösung, die Christus für uns erworben hat, ist ewig (Hebr 9,12). Und auch das Leben des Gläubigen ist ewig (Joh 6,47). In keinem der Verse, in denen die Worte »ewiges Leben« vorkommen, gibt es einen Hinweis, dass man dieses Leben durch Sünde verlieren könnte.

In zwei Versen spricht der Apostel Paulus vom ewigen Leben als einer Hoffnung:

> *... in der Hoffnung des ewigen Lebens – das Gott, der nicht lügt, vor ewigen Zeiten verheißen hat; ...* (Tit 1,2).

> *... damit wir, gerechtfertigt durch seine Gnade, Erben nach der Hoffnung des ewigen Lebens wurden* (Tit 3,7).

Das könnte den Eindruck erwecken, dass wir uns des ewigen Lebens nicht sicher sein können, bis unser Leben auf der Erde aufhört. Wenn wir im heutigen Sprachgebrauch das Wort *Hoffnung* benützen, ist es gewöhnlich mit einer Spur von Zweifel behaftet. Wir hegen zwar einen Wunsch, haben jedoch keine konkrete Sicherheit, das er sich erfüllt.

Wie jedoch bereits besprochen, kann man das nicht auf die Verwendung des Wortes *Hoffnung* im Neuen Testament umlegen. Hier beschreibt *Hoffnung* eine Gewissheit, weil es auf ein Versprechen Gottes gegründet ist. Es gibt im Universum nichts, das gewisser wäre. Wir besitzen das ewige Leben bereits, aber die Hoffnung des ewigen Lebens ist der verherrlichte Zustand im Himmel.

Die Hoffnung eines Christen kann nicht zuschanden werden:

> *Die Hoffnung aber lässt nicht zuschanden werden, denn die Liebe Gottes ist ausgegossen in unsere Herzen durch den Heiligen Geist, der uns gegeben worden ist* (Röm 5,5).

> *Diese haben wir als einen sicheren und festen Anker der Seele, der in das Innere des Vorhangs hinein reicht, wohin Jesus als Vorläufer für uns hineingegangen ist, der nach der Ordnung Melchisedeks Hoherpriester in Ewigkeit geworden ist* (Hebr 6,19–20).

Der Herr Jesus ist als unser Vorläufer bereits in den Himmel hineingegangen, der hier als das »Innere des Vorhangs« beschrieben wird. Wenn Er als Vorläufer *für uns* hineingegangen ist, was kann das anderes heißen, als dass wir Ihm dorthin folgen werden?

Aber es gibt noch eine Methode, wie die Befürworter der Verlierbarkeit des Heils ihre Sache vertreten. Zusätzlich zu der anderen Definition des Wortes »ewig« versuchen sie von der griechischen Grammatik her zu zeigen, dass der Präsens des Verbs »glauben« immer eine andauernde Handlung beschreibt, keinen einmaligen Akt des Glaubens. Mit anderen Worten heißt das, dass du glauben musst und fortfahren musst zu glauben.[10] Wenn du aufhörst zu glauben, dann bist du nicht länger errettet.

Wer so etwas sagt, verlässt sich auf eine sehr oberflächliche Betrachtung der Grammatik. Die Art der verwendeten Zeitform für »glauben« in den obigen Versen gibt keinen Hinweis auf die Art der Handlung.[11] Die Zeitform beschreibt auch nicht immer eine andauernde Handlung. Sie kann auch für ein einmaliges Ereignis stehen. Zum Beispiel beschreibt »... welcher aus dem Himmel herniederkommt ...« (Joh 6,33) die Menschwerdung. Es war ein einmaliges Ereignis, nicht ein fortwährend sich wiederholendes. Dieselbe Zeitform ist auch in Aussprüchen verwendet, wie »Glückselig die Toten, die von jetzt an im Herrn sterben« (Offb 14,13), was natürlich nicht heißen kann, »die sterben und immer wieder sterben«!

In Johannes 3,14 verwendet Jesus das Bild der ehernen Schlange in der Wüste (4Mo 21,6–9). Als die Israeliten von giftigen Schlangen gebissen worden waren, befahl Gott Mose, eine feurige Schlange auf eine Stange zu heften und aufzurichten. Wenn ein Sterbender zu der Schlange aufgeschaut hat, dann wurde er gerettet. Es war nicht notwendig, hinzuschauen und immer weiter hinzuschauen. Ein Blick genügte, um ein dauerhaftes Ergebnis hervorzubringen. Gerade so, wie ein Blick körperliche Heilung brachte, bringt der einmal vollzogene erlösende Glaube an Christus ewige Errettung. Darum geht es im Wesentlichen in den Versen 14 – 15.

Jesus sagte zu der Samariterin: »Wer aber von dem Wasser trinken wird, das ich ihm geben werde, den wird nicht dürsten in Ewigkeit« (Joh 4,14). Meinte Er: »der trinkt und fortwährend trinkt«? Offensichtlich nicht. Wenn jemand regelmäßig trinken muss, dann ist er wieder durstig geworden. Die Bedeutung liegt auf der Hand: Einmaliges Trinken des lebenspendenden Wassers löscht den Durst für immer. In diesem Abschnitt ist trinken ein Synonym für glauben. Ein einmaliger Glaubensakt bringt eine »Quelle von Wasser hervor, die ins ewige Leben quillt«.

Als Paulus den Kerkermeister in Philippi aufrief: »Glaube an den Herrn Jesus«, forderte er zu einer definitiven, unmittelbaren Handlung auf.[12]

Natürlich müssen wir im Gedächtnis behalten, dass ein Mensch, der wahrhaftig wiedergeboren ist, nicht aufhören wird zu glauben.[13] Glauben ist – wie Atmen für den physischen Körper – ein lebenswichtiger Bestandteil seines geistlichen Lebens. Er kann durch einen Willensakt das Atmen nicht auf Dauer einstellen. Genauso wenig kann er aufhören zu glauben.

Zusammenfassend kann man sagen, dass die übereinstimmende Aussage des Neuen Testamentes lautet: Gott gibt ein Leben, das für diejenigen ewig ist, die an den Herrn Jesus glauben. Es gibt in all den Verheißungen keine Anspielung darauf, dass man dieses Leben wieder verlieren könnte. Es stimmt, dass es einige Stellen gibt, die scheinbar Ausnahmen berücksichtigen, aber diese wenigen Stellen können zu der Vielzahl der anderen Stellen nicht im Widerspruch stehen. Und diese wenigen – richtig verstanden – bestreiten die Tatsache in keiner Weise, dass der Gläubige sich seiner ewigen Errettung gewiss sein kann. Auf den folgenden Seiten hoffen wir das zu beweisen.

Fähigkeit oder Ausführung?

Es gibt Schriftstellen, die uns zusichern, dass Gott die Fähigkeit hat, uns bis ans Ende zu bewahren. Aber diejenigen, die an eine Verlierbarkeit des Heils glauben, berauben sie ihrer Kostbarkeit, indem sie sagen, die Tatsache, dass Gott die *Fähigkeit* hat, etwas zu tun, hieße noch lange nicht, dass Er es auch tun wird. Nur Seine Fähigkeit, denen zu helfen, die versucht werden (Hebr 2,18), garantiert nicht, dass Er es wirklich tut. Die Tatsache, dass Er die Macht hat, sich alles zu unterwerfen (Phil 3,21), heißt nicht, dass das jemals stattfinden wird.

Keine Sorge! Für jeden Vers, der davon spricht, dass Er die Macht hat, zu retten oder zu bewahren, gibt es weitere Verse, die keinen Zweifel daran lassen, dass Er auch Seiner Macht entsprechend handeln wird.

In 2. Timotheus 1,12 drückt Paulus seine Überzeugung aus, dass der Herr die Macht hat, an jenem Tag durchzuführen, was Er ihm zugesichert hat. Er war fähig dazu – aber würde Er es auch tun? Ja, gewiss! Der Apostel hatte keinen Zweifel. Er sagte: »Der Herr wird mich retten von jedem bösen Werk und mich in sein himmlisches Reich hinein retten, ihm sei die Herrlichkeit in alle Ewigkeit« (2Tim 4,18).

Der Schreiber des Hebräerbriefes ruft aus: »Daher kann er auch völlig erretten, die durch Ihn Gott nahen, weil er immer lebt, um sich für sie zu verwenden« (7,25). Sein gegenwärtiger Dienst ist, unsere Sache zu vertreten. Das garantiert uns zu, dass Seine Fähigkeit auch ausgeführt wird. Falls das noch nicht genügt, ist die göttliche Verheißung hinzugefügt: »Ich bin ebenso in guter Zuversicht, dass der, welcher ein gutes Werk in euch angefangen hat, es vollenden wird bis auf den Tag Christi Jesu« (Phil 1,6).

Diejenigen, die an eine Verlierbarkeit des Heils glauben, führen ein ähnliches Argument ins Feld bei Versen wie Johannes 6,39–40:

Dies aber ist der Wille dessen, der mich gesandt hat, dass ich von allem, was er mir gegeben hat, nichts verliere, sondern es auferwecke am letzten Tag. Denn dies ist der Wille meines Vaters, dass jeder, der den Sohn sieht und an ihn glaubt, ewiges Leben habe; und ich werde ihn auferwecken am letzten Tag.

Sie sagen: »Oh ja, Gottes Wille ist es, dass keiner von denen, die Er dem Sohn gegeben hat, verloren gehen sollte, aber das heißt nicht, dass alle errettet werden. Gott will nicht, dass irgendjemand verloren geht (2Petr. 3,9), aber wir wissen, dass es viele gibt, die *trotzdem* scheitern.«

Das Argument ist falsch. Es ist Gottes Wille, dass der Sohn keinen von denen verlieren sollte, die der Vater Ihm gegeben hat. Es ist Gottes Wille, dass der Herr Jesus jeden Einzelnen von ihnen am letzten Tag auferwecken wird.

Der Sohn tut immer das Gott Wohlgefällige (Joh 8,29). Womit auch immer der Vater den Sohn beauftragt, das wird getan werden. Das heißt, dass keiner von denen, die der Vater Christus gegeben hat, verloren gehen wird. Sie alle werden Ihn schauen, werden an Ihn glauben, werden ewiges Leben haben und auferweckt werden am letzten Tag.

Unser Gott und Heiland kann uns davor bewahren, dass wir umkommen, Er kann uns tadellos vor Seiner Herrlichkeit mit Frohlocken hinstellen (Jud 24). Heißt das aber auch, dass Er es tun *wird*? Paulus beruhigt uns mit der Zusicherung, dass Jesus Christus »euch auch befestigen wird bis ans Ende, dass ihr untadelig seid am Tag unseres Herrn Jesus Christus« (1Kor 1,8).

Unser herrlicher Herr hat die Fähigkeit, Menschen in der Versuchung zu bewahren, sie zu erretten, zu unterwerfen und ihnen zu helfen. Und in all diesen Fällen beinhaltet die Tatsache, dass Er fähig dazu ist, auch die Verheißung, dass Er es tun wird.

Gewissheit oder Ungewissheit?

Die überwältigende Mehrheit der neutestamentlichen Schriften gibt völlige Gewissheit, dass all diejenigen, die *wahrhaftig* wiedergeboren worden sind, den Himmel schließlich erreichen werden. Es ist offensichtlich die Absicht der Heiligen Schriften, Gottes Kindern völlige Zuversicht zu geben, dass sie sicher sein können, das Vaterhaus zu erreichen, sobald sie die Gabe Gottes angenommen haben: Errettung durch Glauben an Christus.

Erst einmal sind da die vielen unverrückbaren Verheißungen. Wer immer Jesus Christus als Herrn und Retter durch einen bewussten Glaubensschritt annimmt, der ist errettet, erneuert, gerechtfertigt und versöhnt. Er oder sie wird niemals verdammt werden, sondern ist vom Tod zum Leben übergegangen.

Und dann gibt es die vielen Passagen, in denen der Herr Jesus oder die Apostel mit Gewissheit über die Zukunft der Gläubigen gesprochen haben. Zum Beispiel sagte der Heiland in der Geschichte vom verlorenen Schaf: »So sage ich euch, ist Freude vor den Engeln Gottes über einen Sünder, der Buße tut« (Lk 15,10). Sobald ein Sünder Buße tut, bricht der ganze Himmel in Jubel aus. Diese Feier wird nicht aufgeschoben, bis die Engel herausfinden, ob der Errettete bestimmte Bedingungen erfüllt! Wenn sein ewiges Leben von irgendetwas abhängen würde, das er tun muss, wäre die Begeisterung verfrüht.

An einer anderen Stelle versprach der Heiland Seinen Jüngern, dass Er im Haus Seines Vaters eine Stätte für sie bereiten würde und dass sie dort bei ihm sein würden (Joh 14,3). Er sagte: »Weil ich lebe, werdet auch ihr leben« (Joh 14,19) – eine unmissverständliche Verheißung über den zu erwartenden Segen (Joh 14,29). Diese Verheißungen waren nicht an das Erfüllen von Leistungen geknüpft.

Der Apostel Paulus hatte keinen Zweifel darüber, dass er in seiner ewigen Heimat, dem Himmel, erkennen würde, gleichwie er erkannt worden ist (1Kor 13,11–12). Er wusste, dass er und auch die gläubigen Korinther verwandelt werden würden, das heißt, sie würden verherrlichte Leiber erhalten (1Kor 15,51–52). Er spricht für alle Erlösten, wenn er sagt: »Denn wir wissen, dass, wenn unser irdisches Zelthaus zerstört wird, wir einen Bau von Gott haben, ein nicht mit Händen gemachtes, ewiges Haus in den Himmeln« (2Kor 5,1). Ohne irgendeine Bedingung hinzuzufügen, gibt er seiner vollkommenen Gewissheit Ausdruck, dass sie einheimisch beim Herrn sein würden, sobald sie ausheimisch vom Leib wären (2Kor 5,8). Diesen Verheißungen sind keine Einschränkungen hinzugefügt.

Er drückte sogar die Zuversicht aus, dass der Geist eines Gläubigen in Korinth, der mit seiner Stiefmutter eine sexuelle Beziehung hatte, am Tag des Herrn Jesus gerettet werden möge (1Kor 5,5). Aber bis dahin würde er hart gezüchtigt werden.

Den Philippern schreibt er, dass Sterben für ihn Gewinn sei (Phil 1,21) und es gibt keinen Hinweis, dass das von seiner Treue abhängt. Er ermutigte sie mit der Gewissheit, dass der Herr Jesus ihre Leiber der Niedrigkeit verwandeln und sie umgestalten würde zur Gleichgestalt mit Seinem Leib der Herrlichkeit (Phil 3,21); er fügte aber nicht hinzu: »Falls ihr bis zum Ende durchhalten werdet.«

Wie konnte er den Kolossern versprechen, dass sie mit Christus geoffenbart werden in Herrlichkeit (Kol 3,4), wenn sie erst Seine Anordnungen befolgen müssten, um sicher zu sein? Wie hätte er das im Voraus wissen können?

Es ist offensichtlich, dass Paulus an ewige Heilssicherheit glaubte. Er rechnete damit, den Himmel zu erreichen und er rechnete damit, dass die Thessalonicher auch dort sein würden, denn er sagte: »Denn wer ist unsere Hoffnung oder Freude oder Ruhmeskranz – nicht auch ihr? – vor unserem Herrn Jesus bei seiner Ankunft?« (1Thess 2,19). Er sagte nicht: »Aber ihr müsst weiterhin glauben und ich auch«, denn er wusste es im Voraus. In der Vorfreude des Kommens des Herrn für Seine Gemeinde sagte er: »Und so werden wir allezeit beim Herrn sein« (1Thess 4,17b). In 2. Thessalonicher 1,7 gibt er den Heiligen nochmals die bedingungslose Gewissheit der Ruhe, wenn der Herr Jesus vom Himmel her mit den Engeln Seiner Macht erscheint.

Er hat sogar seiner Zuversicht Ausdruck gegeben, dass der Geist eines Gläubigen in Korinth »errettet werde am Tag des Herrn Jesus« (1Kor 5,5), nachdem er sich des Inzests schuldig gemacht hatte, wenn er inzwischen auch Strafe erleiden müsse.

Gegen das Ende seines Lebens, als es für ihn noch immer möglich war zu versagen, sagte er: »Ich habe den guten Kampf gekämpft, ich habe den Lauf vollendet, ich habe den Glauben bewahrt; fortan liegt mir bereit der Siegeskranz der Gerechtigkeit, den der Herr, der gerechte Richter, mir zur Vergeltung geben wird an jenem Tag: nicht allein aber mir, sondern auch allen, die seine Erscheinung lieben« (2Tim 4,8). Er hat nicht auf seine eigene Kraft vertraut, sondern sich darauf verlassen, dass der Herr ihn bewahren und in Sein himmlisches Königreich hinein retten würde (2Tim 4,18).

Auch Petrus glaubte an ewige Heilssicherheit. Er schrieb von der Gnade, die den Lesern seines Briefes bei der Offenbarung Jesu Christi gebracht werden würde (1Petr 1,13). Das Wort »falls« kommt in dem Satz nicht vor. Er wusste, dass die leidenden Christen in dem Augenblick, in dem die Herrlichkeit Christi geoffenbart werden würde, sich mit Frohlocken freuen würden (1Petr 4,13). Wie hätte er das wissen können, wenn ihre mögliche Errettung unmittelbar von ihrer vollbrachten Leistung abhing. Er und seine Leser erwarteten neue Himmel und eine neue Erde, in denen Gerechtigkeit wohnt. Er hätte das nicht sagen können, wenn er an eine Verlierbarkeit des Heils geglaubt hätte.

Schließlich gibt der Apostel Johannes seinen Lesern die wunderbare Zusicherung: »… wir wissen, dass wir, wenn es offenbar werden wird, ihm gleich sein werden, denn wir werden ihn sehen, wie er ist« (1Jo 3,2b). Das ist uneingeschränkte Gewissheit für jedes Kind Gottes.

Kein Wunder, dass das Volk Gottes durch die Jahrhunderte hindurch seine sichere Hoffnung auf den Himmel auf das Werk Christi allein gegründet hat und nicht auf unvorhersehbare und unsichere eigene Leistungen.

Nur wenn die Errettung sich auf Gnade durch Glauben stützt und unabhängig ist von jeder Art von Werken, kann ein Mensch sich seiner ewigen Errettung sicher sein. In dem Augenblick, in dem man Bedingungen hinzufügt, die der Gläubige zu erfüllen hat, ist Sicherheit unmöglich, weil niemand wissen kann, ob er oder sie diese Bedingungen in rechter Weise erfüllen wird.

Abgefallen oder in Sünde gefallen (Teil 1)?

Diejenigen, die für eine an Bedingungen geknüpfte Errettung eintreten, gründen ihre Argumentation mehr mit dem Hebräerbrief, als mit irgendeinem anderen Buch der Bibel. Bevor wir die von ihnen angeführten Stellen im Einzelnen untersuchen, wollen wir den Brief aus der Vogelperspektive ansehen.

In den frühen Tagen der Kirchengeschichte gelangte das Evangelium zuerst zum Volk Israel. Viele Juden bekehrten sich von Herzen zum christlichen Glauben. Andere wurden vom Licht des Evangeliums angezogen und wurden dem Namen nach Anhänger. Einige von ihnen gingen so weit, dass sie sich taufen ließen und Glieder der christlichen Versammlung wurden, und sich so mit der christlichen Gemeinschaft identifizierten.

Für Juden war es Verrat zu bekennen, Christ geworden zu sein. Diejenigen, die das taten, waren als Abtrünnige und Wendehälse gebrandmarkt. Sie wurden exkommuniziert, geächtet, enterbt und sogar körperlich misshandelt. Ihre religiösen Führer, ihre Familien und Freunde setzten sie unter enormen Druck, um sie zu veranlassen, zu dem festgesetzten System der Zeremonien des Judentums zurückzukehren. Sie erinnerten diese wankelmütigen Sucher daran, was sie hinter sich ließen:

Die Herrlichkeit der alttestamentlichen Propheten.
Den Dienst der Engel in der Geschichte des Volkes.
Die Führerschaft von Mose und Josua.
Das Priestertum von Aaron und das Opfersystem.

Sie mussten wählen. Entweder konnten sie weitergehen und Christus als Herrn und Erretter uneingeschränktes Vertrauen schenken, oder sie konnten zum Judentum zurückkehren und Ihn bewusst ablehnen. Wer sich so abwendete, beging die Sünde des Abfallens, wovon es keine Umkehr gibt.

Dieser Situation sah sich also der Schreiber des Hebräerbriefes gegenüber. Manchmal bittet er die wahren Gläubigen eindringlich, weiter ein Leben in Glauben und Ausharren zu führen. Sein Schwerpunkt ist jedoch, Juden zu warnen, die drauf und dran waren, die Sünde des Abfallens zu begehen. Er zeigt, dass Christus die Erfüllung von allen Vorbildern und Schatten des Judentums ist.

Das Wort für Abtrünniger oder Abgefallener wird von einem griechischen Wort abgeleitet, das die Bedeutung hat von »einer, der weg geht, sich absetzt oder abfällt« (Apostasie – Abfall).[14] Erst einmal beschreibt es eine Person, die bekennt, ein Christ zu sein, Christus aber nie in einem bewussten Glaubensakt angenommen hat. Der Apostel Johannes hatte Abgefallene vor Augen, als er schrieb: »Sie sind von uns ausgegangen, aber sie waren nicht von uns; denn wenn sie von uns gewesen wären, würden sie wohl bei uns geblieben sein; aber [sie blieben nicht], damit sie offenbar würden, dass sie alle nicht von uns sind« (1Jo 2,19). Es geht hier nicht darum, eine christliche Gemeinde zu verlassen, um zu einer anderen zu gehen, sondern um ein endgültiges Verwerfen des christlichen Glaubens. Ihr Weggehen zeigte, dass sie »nicht von uns« gewesen waren, was heißt, dass es keine echten Gläubigen waren. Wenn sie es gewesen wären, hätten sie an ihrem Glauben festgehalten, denn eine Eigenschaft des wahren Glaubens ist, dass er nicht aufhört. Indem sie weggingen zeigten sie, dass sie keine echten Glieder der christlichen Gemeinschaft gewesen sind. Ihre Verbindung mit der Gemeinde war nur oberflächlich gewesen.

Es sollte klar sein, dass zwischen *in Sünde fallen* und *Abfallen* ein großer Unterschied besteht. Ein Christ kann fallen, aber er kann nicht abfallen. Seine Gemeinschaft mit Gott kann unterbrochen werden, aber seine Beziehung ändert sich nicht. Ein Abgefallener hat nie eine echte Beziehung zu Gott gehabt. Wenn ein Gläubiger sündigt, wird er seine Schuld früher oder später zugeben und seine Sünde bekennen. Der Abgefallene fällt in Sünde und moralisches Versagen und gibt Gott die Schuld daran. Wer zurückfällt, tut Buße und es wird ihm vergeben. Dem Abgefallenen ist seine Sünde egal, oft gibt er sogar damit an. Ihm wird nicht vergeben.[15] Petrus ist zurückgefallen; Judas ist abgefallen. »Petrus ging hinaus und weinte bitterlich« (Lk 22,62), kehrte später jedoch zu seinem Herrn zurück (Joh 21,15–19). Judas ging hinaus und erhängte sich (Mt 27,5).

Achte darauf, wie schwerwiegend die Sünde des Abfallens ist. Sie ist gleichzusetzen damit, den Sohn Gottes noch einmal für sich zu kreuzigen und Ihn dem Spott auszusetzen (Hebr 6,6). Es ist dasselbe als den Sohn Gottes mit Füßen zu treten, Sein Blut für gemein zu achten und den Heiligen Geist zu schmähen (Hebr 10,29). Abgefallene sind Antichristen (1Jo 2,18).

Wir wollen nun die Stellen des Hebräerbriefes untersuchen, die gewöhnlich benutzt werden, um die Lehre der verlierbaren Errettung zu stützen oder Heilssicherheit zu widerlegen.

> *Deswegen müssen wir umso mehr auf das achten, was wir gehört haben, damit wir nicht etwa am Ziel vorbeigleiten. Denn wenn das durch Engel verkündete Wort fest war und jede Übertretung und jeder Ungehorsam gerechte Vergeltung empfing, wie werden wir entfliehen, wenn wir eine so große Rettung missachten? Sie ist ja, nachdem sie ihren Anfang damit genommen hatte, dass sie durch den Herrn verkündet wurde, uns gegenüber von denen bestätigt worden, die es gehört haben …* (Hebr 2,1–3).

Diese Stelle warnt vor der Sünde des Abfallens. Die Leser werden daran erinnert, dass das Brechen der zehn Gebote mit dem Tod bestraft worden ist. Wenn das so war, dann erwartet diejenigen, die das Evangelium ablehnen, ein viel schlimmeres Schicksal. Unter missachten ist hier ablehnen, gering achten oder ignorieren zu verstehen.

Wir dürfen uns durch die Verwendung des Wortes *wir* nicht verwirren lassen, als ob das heißen würde, dass der Schreiber sich selbst oder andere wahre Gläubige mit einschließen würde. Nein. Sie hatten das Evangelium bereits angenommen. Es handelt sich hier um einen redaktionellen Gebrauch des Wortes *wir*; die Autoren der Bibel hatten das gleiche Recht, von dieser Ausdrucksform Gebrauch zu machen, wie wir. Hier bedeutet es: »Diejenigen, die in Gefahr standen, das Evangelium abzulehnen«.

Diese Verse eignen sich nicht für die Beweisführung, dass ein Gläubiger die Ewigkeit möglicherweise in der Hölle verbringen könnte.

> *… Christus aber als Sohn über sein Haus. Sein Haus sind wir, wenn wir die Freimütigkeit und den Ruhm der Hoffnung bis zum Ende standhaft festhalten. Deshalb wie der Heilige Geist spricht: »Heute, wenn ihr seine Stimme hört, verhärtet eure Herzen nicht wie in der Erbitterung an dem Tage der Versuchung in der Wüste, wo eure Väter mich versuchten, indem sie mich auf die Probe stellten, und sie sahen meine Werke vierzig Jahre. Deshalb zürnte ich diesem Geschlecht und sprach: Allezeit gehen sie irre mit dem Herzen. Sie aber haben meine Wege nicht erkannt. So schwor ich in meinem Zorn: Sie sollen nimmermehr in meine Ruhe eingehen!« Seht zu, Brüder, dass nicht etwa in jemandem von euch ein böses Herz des Unglaubens sei im Abfall vom lebendigen Gott, sondern ermuntert einander jeden Tag, solange es »heute« heißt, damit niemand von euch verhärtet werde durch Betrug der Sünde! Denn wir sind Teilhaber des Christus geworden, wenn wir die anfängliche Zuversicht bis zum Ende standhaft festhalten. Wenn gesagt wird: »Heute, wenn ihr seine Stimme hört, verhärtet eure Herzen nicht wie in der Erbitterung«, welche haben denn gehört und sich aufgelehnt? Waren es denn nicht alle, die durch Mose von Ägypten ausgezogen waren? Welchen aber zürnte er vierzig Jahre? Nicht denen, welche gesündigt hatten, deren Leiber in der Wüste fielen? Welchen aber schwor er, dass sie nicht in seine Ruhe eingehen sollten, wenn nicht denen, die ungehorsam gewesen waren? Und wir sehen, dass sie wegen des Unglaubens nicht hineingehen konnten* (Hebr 3,6–19).

Wenn wir an diese Verse herangehen, sollten wir uns daran erinnern, dass der Schreiber sich an eine gemischte Zuhörerschaft wandte. Genauso wie heute gab es echte Gläubige und andere, die eine äußere Form der Gottseligkeit hatten, aber ohne Kraft. Es gab keine gerade gezogene Linie. Niemand konnte in jedem Fall entscheiden, ob der Betreffende wirklich ein Christ war. Aus diesem Grund war es notwendig, die Unentschlossenen vor der Gefahr des Abfallens zu warnen und die anderen in ihrem Glauben zu bestärken.

Vers 6. Diejenigen, die wiedergeboren worden sind durch Glauben an den Herrn, zeigen die Echtheit ihres Glaubens, indem sie zuversichtlich bis zum Ende daran festhalten und sich am Ruhm der Hoffnung freuen. Sie werden durch das Festhalten nicht *errettet;* das wäre Errettung aus Werken. Es wäre ein persönliches Verdienst, dessen sie sich rühmen könnten. Persönlicher Ruhm ist bei dem Prinzip des Glaubens jedoch ausgeschlossen (Röm 3,27).

Verse 7–11. Namenschristen sollten durch die Erfahrung des Volkes Israel in der Wüste gewarnt sein. 40 Jahre lang hat das Volk Gott mit Unglauben provoziert. Schließlich hat Er in Seinem Zorn geschworen, dass sie nicht in Seine Ruhe eingehen würden; gemeint ist die Ruhe im Land Kanaan.

Verse 12–14. Die »Brüder«, die im Vers 12 angesprochen werden, könnten Brüder der Menschheit sein, oder Brüder derselben jüdischen Nation, oder dem Namen nach christliche Brüder. Sich vom lebendigen Gott abzuwenden ist gleichbedeutend mit Abfallen. Trotz ihres Bekenntnisses sind sie nur dann Glieder Christi geworden, wenn sie ihre Zuversicht standhaft bis ans Ende festhalten. Nochmals: »Standhaft … festhalten« ist nicht die Wurzel der Errettung, es ist die Frucht davon.

Verse 15–19. Glaube ist der entscheidende Punkt. Gerade so wie der Unglaube die Israeliten von der Ruhe Gottes in Kanaan fernhielt, so wird der Unglaube Menschen von der heutigen Ruhe Gottes fernhalten, wie wir im nächsten Abschnitt sehen werden.

> *Fürchten wir uns nun, dass nicht etwa – da die Verheißung, in seine Ruhe einzugehen, noch aussteht – jemand von euch als zurückgeblieben erscheint. Denn auch uns ist eine gute Botschaft verkündigt worden, wie auch jenen; aber das gehörte Wort nützte jenen nicht, weil es bei denen, die es hörten, sich nicht mit dem Glauben verband. Wir gehen nämlich in die Ruhe ein als die, die geglaubt haben, wie er gesagt hat: »So schwor ich in meinem Zorn: Sie sollen nimmermehr in meine Ruhe eingehen!« obwohl die Werke von Grundlegung der Welt an geschaffen waren. Denn er hat irgendwo von dem siebten*

Tag so gesprochen: »Und Gott ruhte am siebten Tag von allen seinen Werken.« Und an dieser Stelle wiederum: »Sie sollen nimmermehr in meine Ruhe eingehen!« Weil es nun dabei bleibt, dass einige in sie eingehen und die, denen zuerst die gute Botschaft verkündigt worden ist, des Ungehorsams wegen nicht hineingegangen sind, bestimmt er wieder einen Tag: ein »Heute«, und sagt durch David nach so langer Zeit, wie vorhin gesagt worden ist: »Heute, wenn ihr seine Stimme hört, verhärtet eure Herzen nicht!« Denn wenn Josua sie in die Ruhe gebracht hätte, würde er danach nicht von einem anderen Tag geredet haben. Also bleibt noch eine Sabbatruhe dem Volk Gottes übrig. Denn wer in seine Ruhe eingegangen ist, der ist auch zur Ruhe gelangt von seinen Werken wie Gott von seinen eigenen. Lasst uns nun eifrig sein, in jene Ruhe einzugehen, damit nicht jemand nach demselben Beispiel des Ungehorsams falle! Denn das Wort Gottes ist lebendig und wirksam und schärfer als jedes zweischneidige Schwert und durchdringend bis zur Scheidung von Seele und Geist, sowohl der Gelenke als auch des Markes, und ein Richter der Gedanken und Gesinnungen des Herzens; und kein Geschöpf ist vor ihm unsichtbar, sondern alles bloß und aufgedeckt vor den Augen dessen, mit dem wir es zu tun haben. Da wir nun einen großen Hohenpriester haben, der durch die Himmel gegangen ist, Jesus, den Sohn Gottes, so lasst uns das Bekenntnis festhalten! Denn wir haben nicht einen Hohenpriester, der nicht Mitleid haben könnte mit unseren Schwachheiten, sondern der in allem in gleicher Weise wie wir versucht worden ist, doch ohne Sünde. Lasst uns nun mit Freimütigkeit hinzutreten zum Thron der Gnade, damit wir Barmherzigkeit empfangen und Gnade finden zur rechtzeitigen Hilfe! (Hebr 4,1–16).

Ruhe ist im Hebräerbrief in vier Bedeutungen erwähnt: Gott ruht von Seinen Werken (4,4); die Ruhe Israels in Kanaan (3,11); das gegenwärtige Ruhen im Glauben (4,1.3a.8–10); die vollkommene Erfüllung, die ewige Sabbatruhe (4,9).

Obwohl man zugeben muss, dass der Gedankenfluss kompliziert ist, scheint das Argument folgendermaßen zu lauten: Die Verheißung der Ruhe Gottes war beim Ruhen von Seinen Schöpfungswerken noch nicht erfüllt. Auch Josua führte das Volk nicht in diese Ruhe, denn Gott sprach noch in der Zeit Davids davon.

Diejenigen, die an Christus glauben, gehen in die Ruhe ein (Vers 3a). Sie haben damit aufgehört, ihre Errettung durch eigene Werke zu verdienen, und genießen nun die Ruhe des Gewissens, weil sie wissen, dass der Erlöser das Werk am Kreuz vollbracht hat. Das ganze Volk Gottes erwartet die himmlische Ruhe.

Namenschristen (und Ungläubige) sollten dafür sorgen, die Verheißung der Ruhe nicht zu versäumen, sondern sie sollten sich beeilen in sie einzugehen, indem sie ihren Glauben auf den Herrn Jesus setzen. Unglaube bleibt niemals unentdeckt, denn das lebendige Wort ist allwissend.

Und weil echte Gläubige Ihm auch verantwortlich sind, sollten sie ihr Bekenntnis festhalten. Das können sie jedoch nicht aus eigener Kraft, sondern durch ihren Hohenpriester, der in Seiner Gnade rechtzeitig hilft.

Anscheinend verweisen die Vertreter der Lehre von der Verlierbarkeit des Heils auf die Verse 1, 11 und 14, um ihren Standpunkt zu stützen, dass wahre Gläubige doch verloren gehen können. Sie übersehen, dass in den Versen 1 und 11 diejenigen gemeint sind, die noch nicht zum wahren Glauben an den Herrn Jesus gekommen sind. Sie genießen die Ruhe des Gewissens noch nicht. Und weil ihnen das fehlt, droht ihnen die Gefahr, die Sünde des Abfallens zu begehen. Vers 14 ist eine Ermunterung für Gläubige, in ihrem Bekenntnis für Christus mutig zu sein, weil ihr Hoherpriester sie mit der notwendigen Kraft ausrüsten wird.

> *… und lernte, obwohl er Sohn war, an dem, was er litt, den Gehorsam; und vollendet, ist er allen, die ihm gehorchen, der Urheber ewigen Heils geworden* (Hebr 5,8–9).

Die Aussage, die Arminianer zur Beweisführung heranziehen, steht in Vers 9: Christus ist der Urheber ewigen Heils für die, die Ihm gehorchen. Man schlussfolgert, dass man die Erlösung verliert, wenn man Ihm den Gehorsam versagt. Aber das klingt gefährlich nach Rettung durch Werke!

Wir müssen verstehen, dass das Evangelium eine Botschaft ist, der man gehorchen muss; und Gehorsam ist in diesem Fall, an den Herrn Jesus Christus zu glauben. In diesem Kontext ist Gehorsam ein Synonym für Glauben. Es ist das, was Paulus an anderer Stelle als Glaubensgehorsam bezeichnet (Röm 1,5; 16,26). Auch Lukas spricht von einer großen Menge von Priestern, die dem Glauben gehorsam wurden (Apg 6,7). Ihr Bekehrungserlebnis war ein einmaliges Ereignis, kein Prozess.

Eine der Stellen, die am häufigsten benutzt wird, um das mögliche Verlorengehen eines Gläubigen zu beweisen, ist Hebräer 6,4–8.

> *Denn es ist unmöglich, diejenigen, die einmal erleuchtet worden sind und die himmlische Gabe geschmeckt haben und des Heiligen Geistes teilhaftig geworden sind und das gute Wort Gottes und die Kräfte des zukünftigen Zeitalters geschmeckt haben und doch abgefallen sind, wieder zur Buße zu erneuern, da sie für sich den Sohn Gottes wieder kreuzigen und dem Spott aussetzen. Denn ein Land, das den häufig darauf kommenden Regen trinkt und nützliches Kraut hervorbringt für diejenigen, um derentwillen es auch bebaut wird, empfängt Segen von Gott; wenn es aber Dornen und Disteln hervorbringt, so ist es unbrauchbar und dem Fluch nahe, der am Ende zur Verbrennung führt* (Hebr 6,4–8).

Fairerweise muss zugegeben werden, dass es für diese Verse viele Erklärungen gibt. Sogar unter denen, die an eine ewige Errettung glauben, gibt es verschiedene Ansichten.[16] Deshalb sollten wir diejenige übernehmen, die unserer Meinung nach am besten in den Zusammenhang passt und mit der Gesamtheit des inspirierten Wortes Gottes übereinstimmt. Ich vertrete die Ansicht, dass es in dieser umstrittenen Stelle um Abfallen vom Glauben geht.

Sie waren einmal erleuchtet. Ohne Zweifel kann das auch für Leute gelten, die sich nicht bekehrt haben. Es ist möglich, erleuchtet zu werden, ohne auf das Licht zu reagieren.

Sie haben die himmlische Gabe geschmeckt. Die himmlische Gabe kann sich entweder auf den Herrn Jesus oder den Heiligen Geist beziehen. Das Wort »schmecken« kann kosten bedeuten, ohne Hinunterschlucken, wie auch in Matthäus 27,34, als Jesus den mit Galle vermischten Wein kostete, ohne ihn zu trinken. Oder es könnte bedeuten, mit etwas durch eine Erfahrung bekannt zu werden. Zum Beispiel hat Jesus durch die Gnade Gottes für jedermann den Tod geschmeckt. Hier war es der vollständige Tod. Dieses Wort hier in Hebräer kann also verschiedene Bedeutungen haben. Hier genügt es zu sagen, dass jemand die himmlische Gabe kennen lernen kann, ohne Ihn dabei anzunehmen.

Sie sind des Heiligen Geistes teilhaftig geworden. Man sollte beachten, dass hier nicht steht, dass der Heilige Geist in ihnen Wohnung genommen hat, oder dass sie mit dem Geist getauft oder erfüllt worden sind. Aber sie haben die Wirkung des Heiligen Geistes erlebt, wie Sündenerkenntnis oder Erkennen des Weges der Erlösung.

Sie haben das gute Wort Gottes geschmeckt. Natürlich ist es möglich, das Wort Gottes zu hören, ohne daran zu glauben. Es gibt Leute, die ihre Köpfe mit Bibelwissen gefüllt haben und die doch in ihren Sünden sterben. Schmecken ist nicht genug.

Sie haben die Kräfte des zukünftigen Zeitalters geschmeckt. Die hier beschriebenen Hebräer waren Zeugen der Wunder, die die Predigt der Apostel begleitet haben. Diese Wunder sind als »die Kräfte des zukünftigen Zeitalters« beschrieben. Das bedeutet, dass sie im Tausendjährigen Reich wiederholt werden, wenn der Herr Jesus als König der Könige regiert und als Herr der Herren.

Mit der Tatsache im Hinterkopf, dass diese fünf Merkmale auch auf Ungläubige zutreffen können, wollen wir nun den Rest der Bibelstelle untersuchen.

Wenn die hier beschriebenen Menschen abfallen, ist es unmöglich, sie zur Buße zu erneuern. Möglich, dass sie einst oberflächlich Buße getan haben (2Kor 7,10), ohne wirklich an Christus zu glauben. Wenn sie aber abfallen, ist ihr Schicksal besiegelt. Sie haben den Punkt überschritten, an dem sie umkehren können.

Die Geschichte zeigt das: Kein wirklich Abgefallener ist jemals erlöst worden.

Wenn diese Stelle von Gläubigen sprechen würde, die in Sünde fallen, würde das heißen, *nie wieder* errettet werden zu können. Aber das wollen die Vertreter der Lehre von der Verlierbarkeit des Heils gar nicht beweisen.

Diese Menschen sind keine wahren Kinder Gottes, weil sie »den Sohn Gottes für sich wieder kreuzigen und ihn dem Spott preisgeben«. Das ist wohl kaum ein Verhalten, das diejenigen charakterisiert, die aus Gott geboren worden sind.

Im Vers 7 vergleicht der Schreiber wahre Gläubige mit einem gut bewässerten Land, das eine entsprechende Ernte hervorbringt und von Gott gesegnet ist. Abgefallene sind wie Land, das »Dornen und Disteln hervorbringt«, das »unbrauchbar und dem Fluch nahe« ist und am Ende verbrannt wird. Der Ausdruck »dem Fluch nahe« lässt keine weitere Möglichkeit zu. Vielmehr wird die Gewissheit des Gerichtes zum Ausdruck gebracht und durch das Urteil »und am Ende zur Verbrennung führt« bestätigt.

Damit über den geistlichen Zustand der Abgefallenen, die er beschrieben hat, kein Zweifel bleibt, fügt der Schreiber in Vers 9 eine entschieden positive Formulierung hinzu: »Wir aber sind, wenn wir auch so reden, im Hinblick auf euch, Geliebte, vom Besseren und zum Heil Dienlichen überzeugt.« Hier spricht er die wahren Gläubigen mit »Geliebte« an. Er ist davon überzeugt, dass sie keine Dornen und Disteln hervorbringen, dass sie dem Fluch nicht nahe sind und dass ihr Ende nicht zur Verbrennung führt. Er ist davon überzeugt, dass für sie Eigenschaften kennzeichnend sind, die mit der Erlösung einhergehen und die in jenen, die in den vorangehenden Versen beschrieben worden sind, nicht vorhanden sind.

> *Wir aber sind, wenn wir auch so reden, im Hinblick auf euch, Geliebte, vom Besseren und zum Heil Dienlichen überzeugt. Denn Gott ist nicht ungerecht, euer Werk zu vergessen und die Liebe, die ihr zu*

seinem Namen bewiesen habt, indem ihr den Heiligen gedient habt und dient. Wir wünschen aber sehr, dass jeder von euch denselben Eifer um die volle Gewissheit der Hoffnung bis ans Ende beweise, damit ihr nicht träge werdet, sondern Nachahmer derer, die durch Glauben und Ausharren die Verheißungen erben. Denn als Gott dem Abraham die Verheißung gab, schwor er bei sich selbst – weil er bei keinem Größeren schwören konnte – und sprach: »Wahrlich, reichlich werde ich dich segnen, und sehr werde ich dich mehren.« Und so erlangte er, indem er ausharrte, die Verheißung. Denn Menschen schwören bei einem Größeren, und der Eid ist ihnen zur Bestätigung ein Ende alles Widerspruchs. Deshalb hat sich Gott, da er den Erben der Verheißung die Unwandelbarkeit seines Ratschlusses noch viel deutlicher beweisen wollte, mit einem Eid verbürgt, damit wir durch zwei unveränderliche Dinge, bei denen Gott doch unmöglich lügen kann, einen starken Trost hätten, die wir unsere Zuflucht dazu genommen haben, die vorhandene Hoffnung zu ergreifen. Diese haben wir als einen sicheren und festen Anker der Seele, der in das Innere des Vorhangs hinein reicht, wohin Jesus als Vorläufer für uns hineingegangen ist, der nach der Ordnung Melchisedeks Hoherpriester in Ewigkeit geworden ist (Hebr 6,9–20).

Hier haben wir einen aussagekräftigen Abschnitt über die ewige Gewissheit eines Gläubigen. Seltsamerweise wird er dazu herangezogen, um das genaue Gegenteil zu beweisen! Er richtet sich an überzeugte Christen. Wie wir gesehen haben, sagt Vers 9, dass sie von Eigenschaften gekennzeichnet sind, die mit der Erlösung einhergehen. Der folgende Vers fügt einen weiteren Beweis für die Echtheit ihres Glaubens hinzu. Sie werden nun motiviert, ihren Dienst für die Heiligen mit Eifer fortzusetzen und nicht träge zu werden. Sie sollten Nachahmer von denen werden, die durch Glauben und Ausharren die Erben der (Erfüllung der) Verheißung sind. Die folgenden Verse zeigen deutlich, dass Glaube und Ausharren nicht die *Mittel* sind, durch die sie die (Erfüllung der) Verheißung erben, sondern die geistliche *Haltung* auf dem Weg zum Ziel.

Gott gab Abraham eine bedingungslose Verheißung, ihn zu segnen und seine Nachkommenschaft zu mehren. Da Gott nicht lügen kann, war die Verheißung so sicher, als hätte sie sich schon erfüllt. Es kam nicht im Geringsten auf Abrahams Handlungsweise an. Nichts konnte verhindern, dass es so eintreffen würde, da alles von Gott abhing. Geduldig wartete Abraham auf die Erfüllung.

Gott schloss einen bedingungslosen Bund der Gnade und verhieß all denen ewige Errettung, die ihre Sünden bekennen und Christus als Herrn und Retter im Glauben annehmen.[17] Da Gott nicht lügen kann, ist die Erfüllung der Verheißung absolut sicher. Der Himmel ist einem Gläubigen genauso sicher, als wenn er schon dort wäre. Die Heiligen im Himmel sind zwar glücklicher, aber eine größere Sicherheit als wir genießen sie nicht. Der Bund erhält seine Kraft aus der Tatsache, dass alles von Gott abhängt.

In den Versen 18–20 betonen vier Bilder die Sicherheit der Gläubigen. Das erste ist eine Zufluchtsstadt, zu der wir fliehen können, um die vor uns gestellte Hoffnung zu ergreifen. Christus ist die Zufluchtsstadt und ewige Errettung ist die Hoffnung. Weil diese Hoffnung auf dem Werk Gottes gegründet ist, kann es keinen Zweifel und keine Ungewissheit geben.

Das zweite Bild ist ein Anker. Unser Anker, die Hoffnung der ewigen Herrlichkeit, reicht hinein in die Gegenwart Gottes, aus der nichts ihn wegnehmen kann. Er ist fest und sicher.

Das ist noch nicht alles. Jesus selbst ist ins Innere des Vorhanges gegangen als unser Vorläufer. Seine Gegenwart dort ist unsere Garantie, dass auch wir den Himmel letztlich erreichen werden.

Schließlich ist Er dort als Hoherpriester. Sein Leben für uns garantiert unsere ewige Bewahrung (Röm 5,10). Er lebt ewig, um sich für uns zu verwenden (Hebr 7,25).

Eine weitere Stelle, die einen Abgefallenen beschreibt, finden wir in Kapitel 10,26–31.

> *Denn wenn wir mutwillig sündigen, nachdem wir die Erkenntnis der Wahrheit empfangen haben, bleibt kein Schlachtopfer für Sünden*

mehr übrig, sondern ein furchtbares Erwarten des Gerichts und der Eifer eines Feuers, das die Widersacher verzehren wird. Hat jemand das Gesetz Moses verworfen, stirbt er ohne Barmherzigkeit auf zwei oder drei Zeugen hin. Wie viel schlimmere Strafe, meint ihr, wird der verdienen, der den Sohn Gottes mit Füßen getreten und das Blut des Bundes, durch das er geheiligt wurde, für gemein erachtet und den Geist der Gnade geschmäht hat? Denn wir kennen den, der gesagt hat: »Mein ist die Rache, ich will vergelten«; und wiederum: »Der Herr wird sein Volk richten.« Es ist furchtbar, in die Hände des lebendigen Gottes zu fallen! (Hebr 10,26–31).

Die mutwillige Sünde in Vers 26 ist Abfallen. Es stimmt, dass in gewisser Weise beinahe jede Sünde mutwillig geschieht, aber auf diese eine trifft diese Bezeichnung in besonderer Weise zu, wie wir andere Sünden nicht beschreiben können, wie wir noch sehen werden.

Wenn ein Abgefallener Christus ablehnt, nachdem er zur Erkenntnis der Wahrheit gekommen ist, hat er sich für immer selbst getrennt von der reinigenden Wirkung von Christi vollbrachtem Opfer für die Sünden. Er hat seinen Platz an der Seite der Feinde Christi eingenommen und teilt deshalb ihr Schicksal. Zur Erkenntnis der Wahrheit zu kommen ist nicht genug. Danach muss Christus angenommen werden.

Wenn es ein schlimmes Vergehen war, das Gesetz Mose zu brechen, dann ist es weit schlimmer, die Sünde des Abfallens zu begehen, denn das bedeutet:

a) den Sohn Gottes mit Füßen zu treten, was Verachtung und Geringschätzung zum Ausdruck bringt;
b) das Blut des Bundes, durch das man geheiligt wird, gering zu achten;
c) den Geist der Gnade zu beleidigen.

Wir wollen diese ungeheuerlichen Vergehen der Reihe nach betrachten und uns dann fragen, ob hier das genaue Bild eines wahrhaftigen Kindes Gottes gezeichnet wird.

Es hat in der Kirchengeschichte Zeiten gegeben, wo Menschen, die Christus zurückweisen und zu ihrer angestammten Religion zurückkehren wollten, das durch ein Symbol beweisen mussten. Das Blut eines Tieres wurde auf dem Boden ausgegossen. Dann wurde ihnen gesagt: »Dieses Blut stellt das Blut Christi dar. Tritt es mit Füßen.« Wenn sie es taten, entkamen sie der Verfolgung in diesem Leben – aber für die Ewigkeit waren ihre Seelen verloren. So ergeht es jedem, der seinen angeblichen Glauben an Christus verlässt.

Einem Abgefallenen ist das Blut Christi nicht mehr wert als das eines unreinen Tieres. Und doch ist es das Blut des Bundes, durch das er geheiligt worden ist. Als er dem Namen nach Christ wurde, wurde er geheiligt, das heißt zur Seite gestellt in eine bevorzugte Stellung, wie auch ein ungläubiger Ehemann geheiligt ist durch eine gläubige Frau (1Kor 7,14). Geheiligt zu sein heißt nicht unbedingt, dass der Betreffende errettet ist.

Sich von dem einzigen Erlöser abzuwenden, ist dasselbe wie den Geist der Gnade zu beschimpfen, mit Verachtung auf den Heiligen Geist und seinen Dienst zu blicken, der Christus als einzigen Weg zu Gott dem Vater erhebt.

Wieder folgt der Beschreibung eines Abgefallenen eine Beschreibung der gerechten Strafe Gottes, die ihn oder sie erwartet. Der Satz: »Der Herr wird sein Volk richten« könnte den Eindruck entstehen lassen, dass der Schreiber über wahre Gläubige spricht. Das ist aber nicht der Fall. Jeder Mann und jede Frau gehören durch die Schöpfung zum Geschlecht Gottes (Apg 17,28). Das Volk Israel war Gottes altes Volk auf Erden (4Mo 14,2). Gegenwärtig gehören all die zu Seinem auserwählten Volk, die an Seinen Sohn glauben (1Petr 2,9). Wenn aber gesagt wird: »der Herr wird Sein Volk richten«, können keine wahren Gläubigen gemeint sein, denn der Herr selbst versprach, dass diejenigen, die Sein Wort hören und an den glauben, der Ihn gesandt hat, nicht ins Gericht kommen (Joh 5,24). Der Autor stellt 4. Mose 32,36 (oder Ps 135,14) in Zusammenhang mit Abgefallenen, nicht mit wahren Gläubigen. Der Satz: »Der Herr wird Sein Volk richten« bekräftigt die vorangehende Feststellung »mein ist die Rache, ich will vergelten, spricht der Herr«.

Ein Christ kann rückfällig werden. Die Gemeinschaft mit dem Herrn kann unterbrochen werden. Er kann jede Sünde begehen, vor der er in der Schrift gewarnt wird. Aber es ist ihm unmöglich, Christus mutwillig abzuschwören. Er mag siebenmal fallen, aber er wird wieder aufstehen (Spr 24,16).

> *Gedenkt aber der früheren Tage, in denen ihr, nachdem ihr erleuchtet worden wart, viel Leidenskampf erduldet habt, als ihr teils durch Schmähungen und Bedrängnisse zur Schau gestellt und teils Gefährten derer wurdet, denen es so erging! Denn ihr habt sowohl mit den Gefangenen gelitten als auch den Raub eurer Güter mit Freuden aufgenommen, da ihr wisst, dass ihr für euch selbst einen besseren und bleibenden Besitz habt. Werft nun eure Zuversicht nicht weg, die eine große Belohnung hat. Denn Ausharren habt ihr nötig, damit ihr, nachdem ihr den Willen Gottes getan habt, die Verheißung davontragt. Denn noch eine ganz kleine Weile, und der Kommende wird kommen und nicht säumen. »Mein Gerechter aber wird aus Glauben leben«; und: »Wenn er sich zurückzieht, wird meine Seele kein Wohlgefallen an ihm haben.« Wir aber sind nicht von denen, die zurückweichen zum Verderben, sondern von denen, die glauben zur Gewinnung des Lebens* (Hebr 10,32–39).

Die gläubigen Hebräer werden an all das erinnert, das sie wegen ihres wohlbekannten Glaubens an den Herrn Jesus erlitten haben. Sie erlebten mit anderen Gläubigen die Verfolgung, litten mit dem Schreiber des Briefes in seiner Gefangenschaft und ertrugen mit Freuden den Verlust ihres Besitzes, weil ihnen klar war, dass ihr wahrer Schatz im Himmel ist.

Sie sollten ihre Zuversicht nun nicht wegwerfen, sondern den Versuchungen standhalten, sodass sie, nachdem sie den Willen Gottes getan haben, die (Erfüllung der) Verheißung davontragen können. In den Versen 35–36 wird nicht angedeutet, dass der Empfang der Verheißung von ihrem Ausharren abhängig sei. Vielmehr ist das die Art und Weise, wie sie in Erwartung der Wiederkunft des Herrn leben sollten (Vers 37).

Der erste Teil von Vers 38 beschreibt wahre Gläubige – »der Gerechte wird aus Glauben leben«. Das bedeutet »die durch Glauben Gerechtfertigten werden leben«. Der Rest des Verses beschreibt einen Abgefallenen – »wenn jemand sich zurückzieht«. Wovon zieht er sich zurück? Vom wahren Glauben an den Herrn Jesus.

Es könnte jemand fragen: »Woher willst du wissen, dass genau das gemeint ist?« Der nächste Satz sagt Folgendes: »Wir (wahren Gläubigen) gehören nicht zu denen, die zurückweichen zum Verderben (Abfallen), sondern zu denen, die glauben zur Gewinnung des Lebens (Gläubige).« Mit anderen Worten: Abgefallene glauben nicht an die Gewinnung des Lebens. Sie bekennen den Glauben eine Weile, weichen dann aber zurück.

> *Diese alle sind im Glauben gestorben und haben die Verheißungen nicht erlangt, sondern sahen sie von fern und begrüßten sie und bekannten, dass sie Fremde und ohne Bürgerrecht auf der Erde seien. Denn die, die solches sagen, zeigen deutlich, dass sie ein Vaterland suchen. Und wenn sie an jenes gedacht hätten, von dem sie ausgezogen waren, so hätten sie Zeit gehabt, zurückzukehren. Jetzt aber trachten sie nach einem besseren, das ist nach einem himmlischen. Darum schämt sich Gott ihrer nicht, ihr Gott genannt zu werden, denn er hat ihnen eine Stadt bereitet* (Hebr 11,13–16).

Ich gebe zu, dass ich überrascht und verblüfft war, eine solche Aufzählung mitten in einer Passage zu finden, die benutzt wird, um eine an Bedingungen geknüpfte Errettung zu beweisen. Nach weiterem Studium konnte ich nur schließen, dass man Vers 15 als Beweis dafür sieht: »… so hätten sie Zeit gehabt, zurückzukehren.« Man erklärt diesen Vers so: Genauso wie die Patriarchen auf ihrem Weg nach Kanaan ihre Meinung über das Fortsetzen des Weges hätten ändern können, so können auch wahre Gläubige aufhören zu glauben und zu ihrem weltlichen Lebensstil zurückkehren. Es wird ausgesagt, dass der anfängliche Glaubensakt der Errettung nicht ausreicht. Ausdauernder Glaube muss folgen. Ein Mensch kann seiner Errettung verlustig gehen, wenn er mit voller Absicht aufhört zu glauben.

Das stimmt aber mit den Tatsachen nicht überein. Ich könnte zwar die Gelegenheit haben, zu meinem Lebensstil zurückzukehren, der vor meiner Bekehrung üblich war, ich habe aber nicht den Wunsch und kein Bedürfnis, das zu tun. Wenn ein Mensch behauptet, ein Christ zu sein und beschließt, zu einem Leben in Sünde zurückzukehren, zeigt das, dass er nie eine neue Schöpfung in Christus Jesus geworden ist.

Die Behauptung, dass der anfängliche Glaubensakt das ewige Schicksal nicht besiegelt, ist eine Verdrehung des Evangeliums. Es bedeutet, dass Christus nicht alle Sünden der Gläubigen gesühnt hat, sondern nur die Sünden bis zum Zeitpunkt seiner Bekehrung. Danach ist der Gläubige auf sich selbst gestellt. Denken wir nur über die Auswirkung dieser Sicht nach!

1. Sie leugnet, dass Christus der einzige und völlig ausreichende Retter ist; der Gläubige hat an Seinem Werk Anteil.
2. Sie leugnet, dass das Werk Christi die Strafe für alle Sünden eines Christen trägt, für vergangene, gegenwärtige und zukünftige – auch wenn sie alle noch in der Zukunft lagen, als Er starb.
3. Sie leugnet, dass die Errettung umsonst, aus Gnade geschieht. Es entsteht der Eindruck, dass Menschen die Errettung durch Festhalten am Glauben verdienen können.

> *Deshalb lasst nun auch uns, da wir eine so große Wolke von Zeugen um uns haben, jede Bürde und die uns so leicht umstrickende Sünde ablegen und mit Ausdauer laufen den vor uns liegenden Wettlauf, indem wir hinschauen auf Jesus, den Anfänger und Vollender des Glaubens, der um der vor ihm liegenden Freude willen die Schande nicht achtete und das Kreuz erduldete und sich gesetzt hat zur Rechten des Thrones Gottes. Denn betrachtet den, der so großen Widerspruch von den Sündern gegen sich erduldet hat, damit ihr nicht ermüdet und in euren Seelen ermattet! Ihr habt im Kampf gegen die Sünde noch nicht bis aufs Blut widerstanden und habt die Ermahnung vergessen, die zu euch als zu Söhnen spricht: »Mein Sohn, schätze nicht gering des Herrn Züchtigung, und ermatte nicht, wenn du von ihm gestraft wirst! Denn wen der Herr liebt, den züchtigt er; er schlägt aber jeden Sohn, den er aufnimmt.« Was ihr erduldet, ist zur*

Züchtigung: Gott behandelt euch als Söhne. Denn ist der ein Sohn, den der Vater nicht züchtigt? Wenn ihr aber ohne Züchtigung seid, deren alle teilhaftig geworden sind, so seid ihr Bastarde und nicht Söhne. Zudem hatten wir auch unsere leiblichen Väter als Züchtiger und scheuten sie. Sollen wir uns nicht vielmehr dem Vater der Geister unterordnen und leben? Denn sie züchtigten uns zwar für wenige Tage nach ihrem Gutdünken, er aber zum Nutzen, damit wir seiner Heiligkeit teilhaftig werden. Alle Züchtigung scheint uns zwar für die Gegenwart nicht Freude, sondern Traurigkeit zu sein; nachher aber gibt sie denen, die durch sie geübt sind, die friedvolle Frucht der Gerechtigkeit. Darum »richtet auf die erschlafften Hände und die gelähmten Knie«, und »macht gerade Bahn für eure Füße!«, damit das Lahme nicht abirre, sondern vielmehr geheilt werde. Jagt dem Frieden mit allen nach und der Heiligung, ohne die niemand den Herrn schauen wird; und achtet darauf, dass nicht jemand an der Gnade Gottes Mangel leide, dass nicht irgendeine Wurzel der Bitterkeit aufsprosse und euch zur Last werde und durch sie viele verunreinigt werden, dass nicht jemand ein Hurer oder ein Gottloser sei wie Esau, der für eine Speise sein Erstgeburtsrecht verkaufte! Denn ihr wisst, dass er auch nachher, als er den Segen erben wollte, verworfen wurde, denn er fand keinen Raum zur Buße, obgleich er sie mit Tränen eifrig suchte (Hebr 12,1–17).

Die letzten drei Kapitel des Hebräerbriefes sind hauptsächlich Ermahnungen zum Thema Glauben und Ausharren. Allerdings sind Ermahnungen nicht unbedingt Anordnungen, die mit einer Drohung verbunden sind. Wenn ich einem Neubekehrten sage: »Setz dich für den Herrn ein«, dann soll das nicht so verstanden werden, dass er ewiger Verdammnis verfällt, wenn er es nicht tut.

Wir sollten das im Gedächtnis behalten, während ich diesen Abschnitt zusammenfasse.

Hebräerchristen, die wegen ihres Glaubens zu leiden hatten, sollen durch den Glauben und das Ausharren der Glaubenshelden von Kapitel 11 ermutigt sein. Im Besonderen sollten sie jede Spur von Zweifel und Hoffnungslosigkeit vermeiden und den Wettlauf mit Ausharren fortsetzen. Sie sollten Jesus vor Augen behalten, der uns zeigt, wie man vom Start bis ins Ziel läuft. Er hat den Hass von Sündern überwunden. Er hat das Kreuz überwunden. Sie waren noch nicht so weit gegangen wie er, der bis aufs Blut widerstanden hat, was sterben bedeutet.

Und sie sollten die Erziehung des Herrn nicht verachten.[18] (Zu dieser Zeit waren das die Leiden, die sie für Ihn ertrugen.) Der Vater erzieht nur seine eigenen Kinder. Deshalb sollten Gläubige die Zucht nicht verachten und sich nicht dadurch entmutigen lassen, sondern versuchen das zu lernen, was der Vater ihnen dadurch beibringen will. Diejenigen, die Gott nicht züchtigt, sind keine echten Kinder, das heißt, sie sind überhaupt keine Gläubigen.

Die Verse 12–14 sind allgemeine Ermahnungen zur gegenseitigen Ermutigung, sich am geheiligten Leben ein Beispiel zu nehmen, zum Frieden und zur Heiligung. »Jagt … der Heiligung nach, ohne die niemand den Herrn sehen wird« könnte bei manchen so verstanden werden, als würde die an Bedingungen geknüpfte Errettung belegt werden. Das sollte nicht so sein.

Im selben Augenblick, in dem jemand erlöst wird, ist er der Stellung nach geheiligt. Gott gibt ihm diese Stellung, weil er in Christus ist.

Aber dann sagt Gott sinngemäß: »Und jetzt *sei* heilig. Dein Benehmen soll deiner Stellung angemessen sein.« Das versteht man unter praktischer Heiligung.

Hier im Vers 12 haben wir diesen zweiten Aspekt von Heiligung vor uns. Wir sollen der Heiligung nachjagen. Beachte, dass es sich um ein Streben handelt und nicht um ein erreichtes Ziel. Wir werden niemals den Zustand vollkommener Heiligkeit erlangen, bis wir den Himmel erreicht haben.

Alle wahren Gläubigen sehnen sich nach Heiligung und streben danach, manche in größerem Ausmaß als andere. Weil es sich aber um ein Streben handelt, brauchen Christen Ermutigung, sich nach mehr Christusähnlichkeit auszustrecken.

Die Verse 15–17 sind nochmals eine Warnung vor der Sünde des Abfallens. Warum ist sie aber mitten in ein Kapitel geschlüpft, das Ermahnungen für Christen enthält? Weil die Gemeinde der Hebräer-Christen damals wie unsere Gemeinden heute war. Das Echte und die Fälschung waren nebeneinander zu finden und die Botschaft muss das berücksichtigen.

Beachte fünf Merkmale der Sünde des Abfallens:

1. Man leidet Mangel an der Gnade Gottes. So nah und doch so fern. Der Abgefallene ist erleuchtet aber eine echte Wiedergeburt erlebt er nicht.

2. Es ist eine Wurzel der Bitterkeit, die sich nicht damit zufrieden gibt, ihre Galle für sich zu behalten, sondern sie ist entschlossen, sie an andere weiterzugeben.

3. Oft ist sie mit Hurerei verbunden. Abfallen hat seine Wurzeln oft im moralischen Fehlverhalten.

4. Sie ist weltlich geprägt. Das heißt, dass jeder Wunsch nach geistlicher Realität fehlt.

5. Die Sünde des Abfallens findet keinen Raum zur Buße.

Seht zu, dass ihr den nicht abweist, der da redet! Denn wenn jene nicht entkamen, die den abwiesen, der auf Erden die göttlichen Weisungen gab: wie viel mehr wir nicht, wenn wir uns von dem abwenden, der von den Himmeln her redet! Dessen Stimme erschütterte damals die Erde; jetzt aber hat er verheißen und gesagt: »Noch einmal werde ich nicht nur die Erde bewegen, sondern auch den Himmel.« Aber das »noch einmal« deutet die Verwandlung der Dinge an, die als geschaffene erschüttert werden, damit die unerschütterlichen bleiben. Deshalb lasst uns, da wir ein unerschütterliches Reich empfangen, dankbar sein, wodurch wir Gott wohlgefällig dienen mit Scheu und Furcht! Denn auch unser Gott »ist ein verzehrendes Feuer« (Hebr 12,25–29).

Wie wir schon zuvor gesehen haben, benutzt der Schreiber in

seiner Ausdrucksweise ein breites Spektrum. Im selben Atemzug spricht er zu Wiedergeborenen und zu solchen, die in Gefahr stehen, abzufallen, ohne dabei zu präzisieren, wen er gerade im Auge hat. Es ist ein Fall von »wenn dir der Schuh passt, dann zieh ihn an«.

Von neuem vergleicht er die Gefahr, den Gott abzulehnen, der das Gesetz am Berg Sinai gegeben hat, mit der größeren Gefahr, Ihn als denjenigen abzulehnen, der durch das Evangelium vom Himmel her redet.

Wir haben es hier nicht mit einem fiktiven Fall zu tun, wo jemand glaubt und sich dann entschließt, nicht mehr zu glauben. Es geht um einen Menschen, der von Anfang an nie wirklich geglaubt hat. Derselbe, der die Erde am Sinai erbeben ließ, wird das ganze Universum erschüttern, sodass nur geistliche Realitäten wie das ewige Königreich übrig bleiben werden. Die Pflicht der Gläubigen ist es, Gott wohlgefällig zu dienen, mit Scheu und Furcht. Nur diejenigen, die Gottes Sohn empfangen haben, sind fähig, das zu tun.

Wie sollen wir die folgende Aussage verstehen: »Denn unser Gott ist ein verzehrendes Feuer«? Dieser Satz ist auf mindestens zweifache Weise richtig. Sein Feuer wird die ewige Strafe für alle Ungläubigen sein. Wenn Feuer jedoch in Verbindung mit Erlösten erwähnt wird, hat es mit ihren Werken zu tun, nicht mit ihren Seelen (1Kor 3,13.15).

Lasst euch nicht fortreißen durch verschiedenartige und fremde Lehren! Denn es ist gut, dass das Herz durch Gnade gefestigt wird, nicht durch Speisen, von denen die keinen Nutzen hatten, die danach wandelten. Wir haben einen Altar, von dem zu essen die kein Recht haben, die dem Zelt dienen. Denn die Leiber der Tiere, deren Blut durch den Hohenpriester für die Sünde in das Heiligtum hineingetragen wird, werden außerhalb des Lagers verbrannt. Darum hat auch Jesus, um das Volk durch sein eigenes Blut zu heiligen, außerhalb des Tores gelitten. Deshalb lasst uns zu ihm hinausgehen, außerhalb des Lagers, und seine Schmach tragen! Denn wir haben hier keine bleibende Stadt, sondern die zukünftige suchen wir (Hebr 13,9–14).

Diese Stelle ist eine von vielen, die benutzt wird, um zu zeigen, dass der Brief an die Hebräer für Gläubige geschrieben worden ist. Dadurch soll gezeigt werden, dass sich der Brief ausschließlich an solche richtet, die Christus angehören. Daraus wird gefolgert, dass die Verse, die über Abgefallene reden, aus diesem Grund für Gläubige gelten. Deshalb sollen Abgefallene Glieder der Gemeinde Christi gewesen sein, die ihre Errettung verloren haben.

Der Haken bei dieser Argumentation liegt beim Wort *ausschließlich.* Niemand bestreitet, dass Teile des Briefes an Hebräer gerichtet sind, die eindeutig bekehrt waren. Das heißt aber nicht zwingend, dass diejenigen, die nichts als ein leeres Bekenntnis hatten, eingeschlossen sein müssen. Der zweite Brief an die Korinther war gerichtet an die »Gemeinde Gottes, die in Korinth ist, samt allen Heiligen, die in ganz Achaja sind« und doch werden sie aufgefordert, sich zu prüfen, ob sie im Glauben seien (13,5). Der Galaterbrief war an alle Gemeinden in Galatien gerichtet und doch war Paulus wegen einiger im Zweifel (4,20).

Gedenkt eurer Führer, die das Wort Gottes zu euch geredet haben! Schaut den Ausgang ihres Wandels an, und ahmt ihren Glauben nach! Jesus Christus ist derselbe gestern und heute und in Ewigkeit. Lasst euch nicht fortreißen durch verschiedenartige und fremde Lehren! Denn es ist gut, dass das Herz durch Gnade gefestigt wird, nicht durch Speisen, von denen die keinen Nutzen hatten, die danach wandelten. Wir haben einen Altar, von dem zu essen die kein Recht haben, die dem Zelt dienen. Denn die Leiber der Tiere, deren Blut durch den Hohenpriester für die Sünde in das Heiligtum hineingetragen wird, werden außerhalb des Lagers verbrannt. Darum hat auch Jesus, um das Volk durch sein eigenes Blut zu heiligen, außerhalb des Tores gelitten. Deshalb lasst uns zu ihm hinausgehen, außerhalb des Lagers, und seine Schmach tragen! Denn wir haben hier keine bleibende Stadt, sondern die zukünftige suchen wir. Durch ihn nun lasst uns Gott stets ein Opfer des Lobes darbringen! Das ist: Frucht der Lippen, die seinen Namen bekennen. Das Wohltun und Mitteilen aber vergesst nicht! Denn an solchen Opfern hat Gott Wohlgefallen. Gehorcht und fügt euch euren Führern! Denn sie wachen über eure Seelen, als solche, die Rechenschaft geben werden, damit sie dies mit Freuden tun und nicht mit Seufzen; denn dies wäre nicht nützlich für euch (Hebr 13,7–17).

Wiederum lautet das Argument, dass diese Ermahnungen eindeutig für wahre Gläubige geschrieben worden sind. Da im Brief so viele Abgefallene vorkämen, beweisen diese Ermahnungen, dass Abgefallene einmal Christen gewesen seien. Daraus wird die Schlussfolgerung gezogen, dass Christen ihren Glauben aufgeben und verloren gehen könnten.

Diese Überlegung lässt außer Acht, dass der Hebräerbrief nicht ausschließlich an Gläubige gerichtet war. Niemand bestreitet, dass viele Ermahnungen für Heilige gelten. Viele andere jedoch richten sich an Juden, die äußerlich Christen waren, aber unter gigantischem Druck standen, zum Judentum zurückzukehren.

Wenn die Abgefallenen echte Christen gewesen wären, die nachträglich ihren Glauben aufgaben, dann gäbe es für sie keine Rettung mehr. Das stimmt aber nicht mit der Ansicht der Vertreter der Lehre von der Verlierbarkeit des Heils überein. *Sie* glauben nämlich, dass Abgefallene wiederhergestellt werden *können!*

Es wird auch die Tatsache übersehen, dass Hebräer 13 eine sichere Verheißung Gottes enthält, dass Er Sein Volk nicht verlassen wird:

Der Wandel sei ohne Geldliebe; begnügt euch mit dem, was vorhanden ist! Denn er hat gesagt: »Ich will dich nicht aufgeben und dich nicht verlassen«, so dass wir zuversichtlich sagen können: »Der Herr ist mein Helfer, ich will mich nicht fürchten. Was soll mir ein Mensch tun?« (Hebr 13,5–6).

Diese Verse beschäftigen sich in erster Linie mit der Vorsorge Gottes für die physischen Bedürfnisse von Gläubigen. In der Verfolgung jener Tage mussten viele Gläubige den Verlust ihres Besitzes hinnehmen (10,34). Sogar für die echten Gläubigen unter ihnen haben sicherlich Eifersucht und Habsucht eine große Versuchung dargestellt. Der Schreiber ermutigte sie, indem er sie daran erinnerte, dass Gott für sie sorgen würde in all ihren Bedürfnissen, um Sein Ziel für dieses Leben mit ihnen zu erreichen. Man sollte beachten, dass hier nicht steht: »Wenn du nicht habsüchtig bist, wird Er dich nicht verlassen.« Tatsächlich sagt er: »Ich will dich nicht verlassen; sei deshalb nicht habsüchtig.«

Schließlich können wir wie Paulus in Römer 5 und 8 sicherlich vom Kleineren auf das Größere schließen. Gott sorgt sogar für die Bewahrung Seines Volkes in körperlichen Belangen; sollte Er dann ihre geistliche Bewahrung ihrer eigenen Kraft überlassen?

Oft ist hervorgehoben worden, dass der Vers im Original lautet: »Ich will dich niemals nicht nie nimmer aufgeben noch dich verlassen.« Ist das nicht eindeutig?[19]

Ein Vertreter der Lehre von der Verlierbarkeit des Heils ging so weit, dass er in Frage stellte, ob ein Pastor, der an die bedingungslose Sicherheit glaubt, überhaupt in der Lage sei, für die Seelen Seiner Herde in rechter Weise zu sorgen. Natürlich ist das ein subjektives Urteil, das genauso gut von der Gegenpartei verwendet werden kann.

Abgefallen oder in Sünde gefallen (Teil 2)?

Bevor wir das Thema vom Abfallen verlassen, bleiben uns noch Bibelstellen im 1. Johannes- und Judasbrief, die wir genauer ansehen wollen. Sie helfen unsere Definition eines Abgefallenen zu festigen und die Gründe für die ewige Sicherheit zu erweitern.

> *Kinder, es ist die letzte Stunde, und wie ihr gehört habt, dass der Antichrist kommt, so sind auch jetzt viele Antichristen aufgetreten; daher wissen wir, dass es die letzte Stunde ist. Von uns sind sie ausgegangen, aber sie waren nicht von uns; denn wenn sie von uns gewesen wären, würden sie wohl bei uns geblieben sein; aber sie blieben nicht, damit sie offenbar würden, dass sie alle nicht von uns sind. Und ihr habt die Salbung von dem Heiligen und habt alle das Wissen. Ich habe euch nicht geschrieben, weil ihr die Wahrheit nicht kennt, sondern weil ihr sie kennt und wisst, dass keine Lüge aus der Wahrheit ist. Wer ist der Lügner, wenn nicht der, der leugnet, dass Jesus der Christus ist? Der ist der Antichrist, der den Vater und den Sohn leugnet. Jeder, der den Sohn leugnet, hat auch den Vater nicht; wer den Sohn bekennt, hat auch den Vater. Ihr! Was ihr von Anfang an gehört habt, bleibe in euch! Wenn in euch bleibt, was ihr von Anfang an gehört habt, werdet auch ihr in dem Sohn und in dem Vater bleiben. Und dies ist die Verheißung, die er uns verheißen hat: das ewige Leben. Dies habe ich euch im Blick auf die geschrieben, die euch verführen. Und ihr! Die Salbung, die ihr von ihm empfangen habt, bleibt in euch, und ihr habt nicht nötig, dass euch jemand belehre, sondern wie seine Salbung euch über alles belehrt, so ist es auch wahr und keine Lüge. Und wie sie euch belehrt hat, so bleibt in ihm! Und nun, Kinder, bleibt in ihm, damit wir, wenn er geoffenbart werden wird, Freimütigkeit haben und nicht vor ihm beschämt werden bei seiner Ankunft!* (1Jo 2,18–28).

Hier warnt Johannes seine Leser vor abgefallenen Lehrern und erinnert sie daran, dass der Heilige Geist genügt, um sie vor Irrlehren zu bewahren. Die letzte Stunde ist die Zeit der Gemeinde. Schon sind falsche Lehrer aufgestanden, welche dieselben Lehren wie der kommende Antichrist vertreten. Zu Lebzeiten von Johannes waren Gnostiker Abgefallene. Sie hatten sich als Gläubige ausgegeben, aber schließlich Christus und der christlichen Gemeinschaft den Rücken zugekehrt. Durch das Abfallen bewiesen sie, dass sie nie eine echte Wiedergeburt erlebt haben.

Gläubige haben eine besondere Salbung: den Dienst der Unterweisung des Heiligen Geistes. Mit dem Wort Gottes und dem Geist Gottes sind sie mit allem versorgt, was für eine ausgewogene Lehre und ein gottgefälliges Leben nötig ist. Was Gott sagt ist Wahrheit. Gläubige haben die Wahrheit und erkennen konträre Lehren als Lüge.

In der Feuerprobe ist, was ein Mensch über Jesus Christus glaubt. Wenn geleugnet wird, dass Jesus der Christus ist, ist das der Geist des Antichristen. Wenn jemand den Sohn nicht hat, hat er auch den Vater nicht.

So werden die Gläubigen angehalten, an der reinen Lehre festzuhalten, die Johannes und die anderen Apostel sie gelehrt haben und so weiterzuleben in ungetrübter Gemeinschaft mit dem Sohn und dem Vater. Sie sollten sich an die unwiderrufbaren Verheißungen Christi über das ewige Leben erinnern, die Er allen Wiedergeborenen gab. Es werden keine Bedingungen hinzugefügt.

Die Gefahr, dass falsche Lehrer auftreten, gibt es immer. Aber der Heilige Geist bleibt in den Kindern Gottes wohnen und deshalb brauchen sie diese zusätzlichen »Wahrheiten« der Gnostiker nicht. Der Heilige Geist ist der Garant, dass Gläubige in Christus verankert bleiben.

Johannes appelliert an die Heiligen, in Christus zu bleiben, damit Johannes und die anderen Apostel vor dem Richterstuhl Christi zuversichtlich sein können und nicht beschämt werden vor Ihm. (Johannes ist sicher, dass die Leser dort sein werden!) Es geht nicht um Freimütigkeit im Gegensatz zu Verdammnis, sondern Freimütigkeit im Gegensatz zu Beschämung.

Wir wollen nun noch eine andere Stelle anschauen, die sich mit Abfallen beschäftigt.

Wenn jemand seinen Bruder sündigen sieht, eine Sünde nicht zum Tod, soll er bitten, und er wird ihm das Leben geben, denen, die nicht zum Tod sündigen. Es gibt Sünde zum Tod; nicht im Hinblick auf sie sage ich, dass er bitten solle (1Jo 5,16).

Es ist beinahe unvermeidlich, dass dieser Vers von den Vertretern der Lehre von der Verlierbarkeit des Heils zitiert wird. Es scheint so, als ließe er die Möglichkeit offen, dass ein Christ eine Sünde begehen kann, für die es keine Vergebung gibt[20] und es vergeblich wäre, für den Betreffenden zu bitten. Sagt der Vers das wirklich?[21]

Erst einmal steht hier nicht, dass es sich um einen Gläubigen handelt, der eine Sünde zum Tod begeht. Derjenige, der eine Sünde begeht, die *nicht* zum Tod führt, ist ein Bruder, das heißt, ein wahres Kind Gottes. Das Wort »Bruder« wird im zweiten Teil des Verses aber nicht verwendet.

Zweitens sagt Johannes nicht, ob es sich in diesem Vers um den physischen Tod handelt, oder um ewigen geistlichen Tod. Um zu einem korrekten Verständnis zu gelangen, müssen wir auf den Kontext eingehen.

Ein Großteil des Briefes wurde geschrieben, um die Gemeinde vor falschen Lehrern zu bewahren, die als Gnostiker bekannt waren. Diese Männer unterwanderten die christlichen Versammlungen, gaben sich als Gläubige aus und waren vielleicht sogar getauft. Aber schließlich haben sie die christliche Gemeinschaft völlig verlassen und bewiesen damit, dass sie nie errettet gewesen waren. Sie haben sich als Abgefallene entlarvt. Sie haben zum Tod gesündigt. Es war unmöglich, sie zur Buße zu erneuern (Hebr 6,4–6).

Deshalb führt Johannes hier aus, dass es einige Leute gibt, für die man vergeblich betet. Bei den meisten Sünden ist es möglich, dass Gott den Sünder zur Buße leitet, und dafür sollten wir auch bitten. Aber Abfallen ist eine Sünde, die unweigerlich zum geistlichen Tod führt, und wenn jemand bei diesem Punkt angelangt ist, brauchen wir keine Zeit mehr dafür verschwenden, für ihn oder sie auf den Knien zu liegen.

Ich will euch aber, obwohl ihr alles wisst, erinnern, dass der Herr, nachdem er das Volk einmal aus dem Land Ägypten gerettet hatte, zum zweitenmal die vertilgte, die nicht geglaubt haben; und Engel, die ihren Herrschaftsbereich nicht bewahrt, sondern ihre eigene Behausung verlassen haben, hat er zum Gericht des großen Tages mit ewigen Fesseln unter Finsternis verwahrt, wie auch Sodom und Gomorra und die umliegenden Städte, die in gleicher Weise wie sie Unzucht trieben und hinter fremdem Fleisch herliefen, als ein Beispiel vorliegen, indem sie die Strafe des ewigen Feuers erleiden. Ebenso aber beflecken auch diese als Träumende das Fleisch, die Herrschaft aber verachten sie, Herrlichkeiten aber lästern sie. Michael aber, der Erzengel, wagte nicht, als er mit dem Teufel stritt und Wortwechsel um den Leib Moses hatte, ein lästerndes Urteil zu fällen, sondern sprach: Der Herr schelte dich! Diese aber lästern alles, was sie nicht kennen; alles, was sie aber von Natur aus wie die unvernünftigen Tiere verstehen, darin verderben sie sich. Wehe ihnen! Denn sie sind den Weg Kains gegangen und haben sich für Lohn dem Irrtum Bileams völlig hingegeben, und in dem Widerspruch Korachs sind sie umgekommen. Diese sind Flecken bei euren Liebesmahlen, indem sie ohne Furcht Festessen mit euch halten und sich selbst weiden; Wolken ohne Wasser, von Winden fortgetrieben; spätherbstliche Bäume, fruchtleer, zweimal erstorben, entwurzelt (Jud 5–12);

Judas beschäftigt sich in seinem Brief fast ausschließlich mit Abgefallenen. Wie wir schon an anderer Stelle erklärt haben, ist ein Abgefallener jemand, der den Glauben an den Herrn bekennt, sich dann aber mit Bosheit und Bitterkeit gegen Ihn wendet. Er ist kein Gestrauchelter, sondern ein *Verräter.*

Judas nennt die alttestamentlichen Beispiele für Abgefallene: Ungläubige Israeliten; Engel, die gesündigt haben, und die Bewohner von Sodom und Gomorra (5–7). Dann wechselt er zu den gegenwärtigen Abgefallenen und ihren moralischen Verfehlungen, ihrer Ablehnung von Autorität und ihrer Missachtung von Autorität, was selbst der Engel Michael nicht wagen würde (8–9). Indem sie ihre Verachtung für die Herrschaft zeigen, richtet sich ihr Verhalten eigentlich gegen Gott.

Sie sind wie:

Kain, indem sie die Errettung durch ein stellvertretendes Opfer zurückweisen.

Bileam, indem sie Vorrechte und Segnungen des Glaubens kaufen und verkaufen.

Die Söhne Korachs, indem sie gegen die bestehende Autorität rebellieren und eine religiöse Machtstellung an sich reißen.

Sie haben christliche Versammlungen wie schmutzige Flecken verunreinigt, sind trügerische Wolken, zweimal erstorben, fruchtleere Bäume.

Eine so schroffe Beschreibung passt nicht auf jemanden, der jemals echten Glauben gehabt hat. Das sind religiöse Führer, die mit ihrem Leben beweisen, dass sie niemals wiedergeboren gewesen sind.

Falsche Bekenner oder echte Besitzer? (Teil 1)

Die Bibel ist ein sehr realistisches Buch. Sie beschreibt das menschliche Verhalten wie es ist. Sie schaut nicht durch eine rosa Brille und denkt, dass jeder auf Gottes Seite steht. Vielmehr wird sorgfältig unterschieden zwischen denen, die nur dem Namen nach Christi Nachfolger sind und aufrichtigen Gläubigen. Die Bibel unterscheidet klar zwischen Bekennern und Besitzern. Die einen behaupten nur, dass sie ewiges Leben haben, die anderen besitzen es wirklich.

Als Jesus auf der Erde lebte, fand Er beide Gruppen vor. Einige glaubten an Ihn, als sie Seine Wunder sahen (Joh 2,23). Aber Er »glaubte« nicht an sie. Die Sorte Glauben, die Zeichen benötigt, bevor der Mensch glaubt, gefällt Ihm nicht. Er wünscht sich die Art des Glaubens, die einfach glaubt, weil Er gesprochen hat. Obwohl gesagt wird, dass diese Leute an Ihn glaubten, war es doch kein rettender Glaube. Sie glaubten in ihren Köpfen, aber nicht in ihren Herzen. Sie kamen über das Lippenbekenntnis nicht hinaus.

In Seiner wunderbaren Rede über das Brot des Lebens sagte Jesus: »Wer mein Fleisch isst und mein Blut trinkt, hat ewiges Leben« (Joh 6,54). Sein Fleisch zu essen und Sein Blut zu trinken heißt ganz einfach, an Ihn zu glauben (siehe Vers 47). Aber einige Seiner Jünger waren abgestoßen von dem was sie »eine harte Rede« nannten und verließen Ihn (Vers 66). Indem sie schließlich weggingen, zeigten sie, dass sie nur dem Namen nach Jünger gewesen sind. Als Jesus die Zwölf fragte, ob sie auch weggehen wollten, sprach Petrus für alle außer Judas, als er sagte: »Herr, zu wem sollten wir gehen? Du hast Worte ewigen Lebens; und wir haben geglaubt und erkannt, dass du der Heilige Gottes bist« (Verse 68–69). Dieses Bekenntnis zeichnete sie als wahre Jünger des Herrn Jesus aus.

Während des Dienstes des Heilands auf Erden gab es Menschen, die in Seinem Namen weissagten, in Seinem Namen Dämonen austrieben und in Seinem Namen viele Wunder taten (Mt 7,22). Und doch lautete Sein Urteil über sie: »Ich habe euch *nie* gekannt.« Sie bekannten, Ihn zu kennen, aber Er hat sie nicht gekannt. Er stellte sie als Übeltäter bloß (Vers 23).

Andere gab es, die aßen und tranken in Seiner Gegenwart und hörten Ihn lehren in ihren Straßen (Lk 12,26). Sie dachten dass es ausreiche, mit dem Heiland zusammen zu sein. Wiederum aber sagte Er, dass Er sie nicht kennen würde und bezeichnete sie als Übeltäter (Vers 27). Äußerlich folgten sie Jesus nach, echter Glaube aber wird nicht erwähnt. Sie sind nur ein Stück Weges mit Ihm gegangen.

In den ersten Tagen der Gemeinde gab es einen klassischen Fall von jemandem, der nur vorgab, ein Nachfolger Christi zu sein. Als Philippus das Evangelium in Samaria predigte, glaubte ein einflussreicher Zauberer namens Simon und wurde getauft (Apg 8,13). Erst einmal klingt das vielversprechend. Wir sollten uns aber daran erinnern, dass es auch einen Pseudoglauben gibt, der nicht dasselbe ist wie rettender Glaube. Wir sind dieser Art von Glauben bereits in Johannes 22,23–25 und 6,66 begegnet. Sogar die Dämonen glauben (Jak 2,19). Was nun folgt zeigt, dass Simon die Kennzeichen eines echten Kindes Gottes fehlten.

Als Simon sah, dass die gläubigen Samariter den Heiligen Geist empfingen, als die Hände der Apostel ihnen aufgelegt wurden, wollte er diese Kraft käuflich erwerben, gerade so als wolle er ab jetzt ein gewinnträchtigeres Gewerbe anfangen. Leider war er nicht der letzte Betrüger oder Scharlatan, der eine Menge Geld damit machen wollte, indem er sich fromm gab (1Tim 6,5b)!

Achte darauf, wie Petrus ihn zurechtgewiesen hat und frage dich, ob der Apostel das zu einem wahren Gläubigen gesagt hätte.

Dein Geld komme mit dir um. Petrus sagte: »Dein Geld fahre mit dir ins Verderben, weil du gemeint hast, dass die Gabe Gottes durch Geld zu erlangen sei.« Weil kein echter Christ jemals verloren geht (Joh 3,16), kann Simon nicht wiedergeboren gewesen sein.

Du hast gemeint, dass die Gabe Gottes durch Geld zu erlangen sei. Hier ist die Gabe Gottes der Heilige Geist. Simon wollte die Fähigkeit kaufen, anderen den Heiligen Geist zu übertragen. Es gibt kein Anzeichen dafür, dass er selbst jemals den Heiligen Geist empfangen hat.

Du hast weder Teil noch Recht an dieser Sache. Anstatt zur christlichen Gemeinde zu gehören, war er Außenseiter, der hereinschaute, weil er nicht gerettet war.

Denn dein Herz ist nicht aufrichtig vor Gott. Das könnte allerdings auch von einem Gläubigen gesagt werden, der in Sünde fällt. Der Kontext legt jedoch nahe, dass es sich um einen Menschen handelt, der es nötig hat, von neuem geboren zu werden und ein neues Herz zu erhalten.

Tu nun Buße über diese deine Bosheit. Das hier verwendete Wort für Buße heißt: Sich von der Sünde weg zu Gott hinwenden.

Bitte den Herrn, ob dir etwa der Anschlag deines Herzens vergeben werde. Nur Gott garantiert bußfertigen und gläubigen Sündern ewige Vergebung. Als Vater schenkt Er Seinen Kindern väterliche Vergebung, wenn sie bekennen (1Jo 1,9). Hier geht es nicht um Gott als Vater. Das Wort *etwa* lässt keine Unsicherheit oder Unwilligkeit von Gottes Seite erwarten, sondern eventuelle Unwilligkeit auf Simons Seite.

Denn ich sehe, dass du voll bitterer Galle und in Banden der Ungerechtigkeit bist. Wenn ein Baum an seinen Früchten erkannt wird, und wenn Simons Frucht extreme Bosheit war, weckt das ernsthafte Zweifel an seinem geistlichen Zustand.

In seiner Antwort auf Petrus' scharfe Anklage bat der Zauberer den Apostel, für ihn zu beten. Es wäre besser gewesen, wenn er von seinen Sünden Buße getan und Christus als Herrn und Erlöser angenommen hätte. Es scheint klar, dass er nur jemand war, der ein Lippenbekenntnis abgelegt hatte; das Fundament aber fehlte ihm.

Das erinnert mich an die Worte meines Kollegen Jean Gibson. Oft hat er gesagt: »Wir glauben an die ewige Sicherheit des Gläubigen, aber wir glauben nicht an die ewige Sicherheit derer, die nur ein Lippenbekenntnis ablegten.« Wenn jemand nur einen Glauben hat, der historische Tatsachen für wahr hält, sollte er nicht denken, dass er ewig in Christus bleibt. Ein Gemeindemitglied ist nicht dasselbe wie ein echter Christ. Kopfglauben bringt keine Sicherheit hervor – es muss eine Auslieferung einer Person an eine Person erfolgen.

Einige Gleichnisse unseres Herrn zeigen den Unterschied zwischen Bekennern und Besitzern, zwischen sogenannten Gläubigen und echten Gläubigen. Bevor wir die Himmelreichsgleichnisse im Einzelnen studieren, wollen wir einige erklärende Bemerkungen dazu machen. Das Reich der Himmel hat zwei Seiten. Erst einmal gibt es den Bereich des äußeren Bekenntnisses. In diesem Sinn gehört jeder zum Reich, der an Gott glaubt oder Ihm als König Treue bekundet. Es gibt aber auch den Bereich der inneren Realität. Um ein wahrer Bürger des Königreichs der Himmel zu sein, muss ein Mensch wiedergeboren sein (Joh 3,3–5). Man kann also entweder nur nach eigenem Bekenntnis ein Bürger des Reiches sein, oder man kann dem König wirklich treu sein.

Es ist verwirrend, wenn man sich vorstellt, dass Böses und Scheinheiligkeit im Reich der Himmel Platz haben, bis man erkennt, dass das Reich im weitesten Sinn äußeres Bekenntnis und innere Realität einschließt. Es ist so ähnlich wie der Unterschied zwischen Christenheit und Christen. Zur Christenheit zählt man viele Leute, die keine Christen sind.

Wir wollen uns jetzt anschauen, wie die Gleichnisse zwischen angeblichen Jüngern und wahren Gläubigen unterscheiden.

Das Gleichnis vom vierfachen Acker (Mt 13,3–23; Lk 8,4–15)

Dieses Gleichnis bezieht sich auf die Zeitspanne vom Dienst unseres Herrn auf Erden bis zum Ende der Trübsal. Jesus ist der Sämann und das Wort ist die Saat. Der Acker ist die Welt. Das

Wort fällt auf vier Arten von Boden, was bedeutet, dass uns vier verschiedene Reaktionen auf das Wort begegnen. Dadurch werden die Jünger auf die Tatsache vorbereitet, dass nicht jeder Hörer des Wortes gläubig werden wird.

Der Hörer auf dem Weg hat die Gute Nachricht nicht verstanden, weil er nicht wollte (siehe Joh 7,17) und hat die Gelegenheit zum Verstehen vorbeigehen lassen. Anfangs hat der Hörer vom steinigen Boden das Wort mit Freuden aufgenommen. Es wäre besser gewesen, wenn er es mit Reue und Bereitschaft zur Buße aufgenommen hätte. Als er in Zeiten der Verfolgung unter Druck gesetzt wurde, dem Wort den Rücken zuzukehren, tat er es. Der Hörer vom dornigen Boden zeigte ebenfalls spontan Interesse, aber er gab weltlichen Belangen, Vergnügungen und trügerischem Reichtum den Vorrang. Der Hörer vom guten Boden nahm das Wort auf, glaubte Ihm und trug Frucht für Gott an seinem eigenen Charakter und in seinem Dienst für andere.

Die ersten drei Böden sind unfruchtbar und sprechen daher von Bekennern. Nur der gute Boden bringt eine gute Ernte hervor. Er ist ein Bild für echte Gläubige, für Besitzer.

Das Gleichnis vom Unkraut im Weizen (Mt 13,24–30.36–43)

Auch dieses Gleichnis zeigt deutlich, dass zum Reich Gottes Menschen gehören, die nur behaupten, Jünger zu sein. Beim Nachahmen ist Satan meisterhaft. Er sät Unkraut (Lolch – ein dem Weizen ähnliches Unkraut) ins Weizenfeld. Genauso wie Lolch ausschaut wie Weizen, so sehen Bekenner manchmal perfekt wie echte Jünger aus. Aber Lolch ist ein Unkraut, mit dem niemand Freude hat. Es wird Lolch im Reich geben, bis Christus kommt um zu regieren. Dann werden alle eingesammelt und gerichtet werden und die Heiligen werden dann ins Tausendjährige Reich eingehen.

Das Gleichnis vom Senfkorn (Mt 13,31–32)

Wenn aus einer Senfpflanze ein Baum wird, handelt es sich um abnormes Wachstum. Hier wird das abnorme Wachstum des Christentums versinnbildlicht, des Bereichs, wo die christliche

Lehre vorherrscht. Die Vögel der Luft – das sind falsche Lehrer – nisten in seinen Zweigen. Mit anderen Worten: Sektierer und Irrlehrer dringen ins Christentum ein und bekennen dabei Christen zu sein.

Das Gleichnis vom Sauerteig (Mt 13,33)

Sauerteig wird in der Bibel stets als Bild des Bösen verwendet – entweder falsche Lehre (Mk 8,15; Gal 5,9) oder gottloses Verhalten (1Kor 5,6–8). In diesem Gleichnis mischt eine Frau Sauerteig unter das Mehl. Die Frau (die keine Glaubenslehre unterrichten sollte; 1Tim 2,12) mischt Irrtümer in die Nahrung des Volkes Gottes. Die meisten Sekten enthalten etwas Wahrheit, sie haben die Wahrheit jedoch mit Irrlehre vermischt.

Das Gleichnis vom Fischnetz[22] (Mt 13,47–52)

Am Ende der Drangsal werden Engel die Gottlosen von den Gerechten trennen. Das wird die Trennung von Namenschristen und Wiedergeborenen mit einschließen. Erstere werden vertilgt werden. Letztere werden in das goldene Zeitalter des Friedens eingehen.

Das Gleichnis vom unbarmherzigen Knecht (Mt 18,23–35)

Wir haben hier einen Mann vor uns, der beim König enorm viel Schulden hatte. Weil er zahlungsunfähig war, ordnete der König an, ihn und seine Familie in die Sklaverei zu verkaufen. Als er flehentlich bat, dass ihm Zeit gegeben werde um zu bezahlen, hatte der König Mitleid und erließ ihm großzügig die gesamte Schuld.

Die Szene wechselt. Der begnadigte Schuldner bemerkte, dass sein Mitknecht ihm eine Kleinigkeit schuldete. Trotz der Bitten und Versprechen seines Schuldners hat er ihm nicht vergeben. Der König wurde wütend und befahl, ihn an die Folterknechte zu überliefern.

Es ist offensichtlich, dass das Gleichnis für Gläubige gilt, da es im Zusammenhang mit Petrus' Frage nach Vergebung steht. Da es sich um Gläubige handelt, kann man die Schlussfolgerung ziehen, dass wir es mit *väterlicher Vergebung* zu tun haben, nicht mit richterlicher Vergebung. Dieser Unterschied ist wichtig. Richterliche oder ewige Vergebung gewährt Gott als Richter einem Sünder, der an den Herrn Jesus Christus glaubt. Das bedeutet, dass Christus als Stellvertreter die Strafe für seine Sünden bezahlt hat und er diese Rechnung nie mehr begleichen muss. Väterliche Vergebung ist das, was Gott als Vater einem in Sünde gefallenen Gläubigen gewährt, wenn er seine Sünde bekennt und lässt. Vergebungsbereitschaft ist nicht der Weg der Errettung für die Ungläubigen. Wir werden nicht gerettet, indem wir anderen vergeben. Aber für Gläubige, die in Gemeinschaft mit Gott, dem Vater, bleiben wollen, *ist* die Vergebungsbereitschaft wesentlich. (Beachte die Worte »dein himmlischer Vater« im Vers 35.)

Wir haben also gesehen, dass es sich in dieser Bibelstelle um Gläubige handelt und dass wir hier mit väterlicher, nicht mit ewiger Vergebung zu tun haben. Wenn das aber so ist, wie müssen wir dann Vers 34 verstehen?

> *Und sein Herr wurde zornig und überlieferte ihn den Folterknechten, bis er alles bezahlt habe, was er ihm schuldig war.*

Wird hier gelehrt, dass ein Gläubiger seine Errettung verlieren kann?

Stellen wir zuerst einmal fest, was hier nicht gesagt wird. Er ist nicht in die Finsternis hinausgeworfen worden, ins ewige Gericht, oder in den Feuerofen. Er wurde namentlich nicht genannten Folterknechten überlassen. Wer oder was ist das?

Weil die Gemeinschaft des Knechtes mit seinem Herrn unterbrochen war, bestehen seine Qualen aus Kummer und Elend, die eine solche Situation begleiten. Ein Christ, der in Sünde fällt, wird geplagt vom Schmerz eines brennenden Gewissens und von der Scham, dem Heiland Schande gemacht zu haben. Er verliert die Freude an seiner Errettung. Er wird geplagt von einem blockierten Gebetsleben, von verschlossenen Lippen, was sein Zeugnis für den Herrn betrifft und von der züchtigenden Hand Gottes.

Im Gleichnis hatte der böse Knecht dieses Leid zu ertragen bis er dem Herrn die 10 000 Talente zurückgezahlt hatte (mehrere Millionen Euro). Das wäre völlig unmöglich gewesen. Für ein Kind Gottes gibt es eine bessere Möglichkeit – nämlich, die Sünde zu bekennen und zu lassen. Dann wird es Vergebung erlangen und die Gemeinschaft mit dem Herrn wird wiederhergestellt.

Das Gleichnis vom Hochzeitsmahl (Mt 22,1–14)

Es ist treffend, dass das Reich der Himmel mit dem fröhlichen Feiern eines Hochzeitsfestes verglichen wird. Die erste Einladung des Königs war zurückgewiesen worden, deshalb hat er die Türen für jeden geöffnet, der gerne kommen wollte. Als der König einen Mann bemerkte, der kein passendes Hochzeitskleid trug, befahl er, ihn hinauszuwerfen.

Um dieses Gleichnis zu verstehen, müssen wir wissen, dass in jenen Tagen die geeignete Kleidung für ein Hochzeitsfest vom Gastgeber bereitgestellt worden ist. Es gibt also keine Entschuldigung für diesen Gast. Als er zur Rede gestellt wurde, war ihm der Mund verstopft. Er repräsentiert einen Menschen, der die Vorteile des Reiches genießen möchte. Aber er kommt in seiner eigenen Gerechtigkeit und nicht in der Gerechtigkeit, die Gott durch den Glauben an Christus bereitgestellt hat. Er ist nur dem Namen nach Christ.

Der treue und der böse Knecht (Mt 24,45–51)

Obwohl diese Stelle nicht als Gleichnis bezeichnet wird, hat sie doch alle Merkmale eines Gleichnisses. Wenn der Herr wiederkommen wird, um Sein Königreich aufzurichten, wird Er diejenigen reich belohnen, die sich um Seine Angelegenheiten gekümmert haben. Das sind offensichtlich treue Knechte. Er bezeichnet sie als treu, klug und glückselig.

Es wird aber auch andere Knechte geben, die die Abwesenheit des Herrn ausnützen, um ihre Mitknechte zu misshandeln und die mit Säufern Gelage feiern. Sie sind keine *guten* Knechte Christi, sondern böse, die durch ihr Benehmen zeigen, dass sie niemals wiedergeboren worden sind. Sie sind Heuchler, die mit allen andern in die Verdammnis gehen, die sie verdient haben.

Das Gleichnis von den zehn Jungfrauen (Mt 25,1–13)

Der Hintergrund für die bekannte Geschichte von den zehn Jungfrauen (oder Brautjungfern) ist das Ende der Trübsal und das zweite Kommen des Herrn. Es wird zu dieser Zeit zwei Arten von Leuten geben. Die weisen Jungfrauen stellen die wahren Gläubigen dar, die törichten die Ungläubigen. Der entscheidende Unterschied zwischen den beiden Gruppen ist, dass die weisen Jungfrauen Öl in ihren Lampen haben. Natürlich ist Öl ein Symbol für den Heiligen Geist. Wenn jemand den Heiligen Geist nicht hat, gehört er Christus nicht an.

Wenn um Mitternacht der Bräutigam kommt, sind die weisen Jungfrauen bereit und gehen mit ihm zum Hochtzeitsfest[23] – möglicherweise ein bildhafter Ausdruck für das Tausendjährige Reich. Die törichten flehen vergeblich um Einlass; der Herr aber stellt sie bloß als solche, die nur ein Lippenbekenntnis haben und keine wirkliche Beziehung zum Bräutigam, indem Er sagt: »Ich habe euch nie gekannt.« Sie sind *nie zuvor* durch Glauben an den Herrn errettet gewesen, denn Er sagte nicht: »Ich kenne euch nicht mehr.«

Das Gleichnis von den Talenten (Mt 25,14–30)

Im Neuen Testament ist ein Talent eine Währungseinheit. In unserer Sprache hat es üblicherweise die Bedeutung einer Begabung oder Fähigkeit. In diesem Gleichnis haben drei Männer von einem reichen Mann entsprechend ihrer Fähigkeiten Talente erhalten, um für ihn zu investieren. Als er von einer ausgedehnten Reise zurückkehrte, verlangte er die Abrechnung. Die ersten zwei hatten den Betrag verdoppelt, der ihnen anvertraut worden war, deshalb hat er ihnen Verantwortung über Vieles gegeben. Der dritte Angestellte hatte sein einziges Talent vergraben und entschuldigte sich dafür, indem er sagte: »Herr, ich kannte dich, dass du ein harter Mann bist: du erntest, wo du nicht gesät, und sammelst, wo du nicht ausgestreut hast.« Wenn das seine Meinung über seinen Chef war, hätte er das Geld auf Banken anlegen sollen, dann hätte er einigen Gewinn mit dem Geld erzielen können. Als Strafe wird er in die Finsternis draußen geworfen werden, wo Weinen und Zähneknirschen sein wird.

Die ersten zwei Männer stellen treue Diener des Herrn dar, die sich im Glauben für das Reich einsetzen. Der dritte ist nur dem Namen nach ein Knecht. Man sieht das an der Art, wie er über seinen Herrn spricht. »Du bist eine hartherzige Person, erwartest ungerechterweise zu viel und bereicherst dich auf Kosten anderer.« Kein wahrer Gläubiger könnte unseren Herrn jemals in dieser Art beschuldigen.

Man sieht es daran, wie der Herr ihn beschreibt. Er ist böse, faul und nutzlos. Seine Sünden waren falsche Anschuldigungen und Vernachlässigung (Hebr 2,3). Man sieht es an seinem Schicksal. Er wurde in die Finsternis draußen geworfen. Kurz gesagt, er war einer, der vorgab, ein Knecht zu sein, in Wirklichkeit war er aber keiner.

Außer den oben genannten Beispielen von Bekenntnis und Besitz gibt es noch mehr Stellen, die von angeblichen Christen berichten, die durch ihr Leben zeigen, dass sie gar keine sind.

Abfallen vom Glauben (1Tim 4,1)

In 1. Timotheus 4,1 sieht der Apostel Paulus voraus, dass in späteren Zeiten einige vom Glauben abfallen werden. Diejenigen, die glauben, dass ein Christ verloren gehen kann, verwenden diesen Vers als Beweis. Sie ziehen folgende Schlussfolgerung: Wenn jemand vom Glauben abfällt, hat er vorher den Glauben gehabt, jetzt aber damit aufgehört. Wie können sie von etwas abfallen, was sie vorher nicht hatten?

Die Antwort ist, dass sie von einem sogenannten Glauben abfallen. Es kann sich um Namenschristen handeln, die nie wiedergeboren wurden. In unserer heutigen Welt hält sich jeder für einen Christen, der an Gott glaubt und freundlich ist zu seiner Mutter. Wir alle wissen, dass es in den meisten evangelikalen Gemeinschaften Mitglieder gibt, die noch in ihren Sünden sind. Als ein bekannter Geistlicher gefragt wurde, ob alle Leute seiner Gemeinde Glieder der Familie Gottes seien, antwortete er: »Bei einigen von ihnen möchte ich nicht angekettet sein, wenn sie sterben.« Damit drückte er auf scherzhafte Art aus, dass er nicht dorthin gehen wolle, wohin diese Leute gingen.

Natürlich könnten diese Leute vom Glauben abfallen, indem sie christliche Gemeinschaft, christliche Lehre und christliche Werte verlassen. Diejenigen, die in 1. Timotheus vom Glauben abfallen, wenden sich zu:

dämonischer Gemeinschaft – betrügerische Geister;
dämonischer Lehre – Lehren von Dämonen;
dämonischer Moral – durch die Heuchelei von Lügenrednern, die in ihrem eigenen Gewissen gebrandmarkt sind.

Sie kehren sich vom Glauben ab, um mit Spiritismus zu beginnen. Es wird nicht angedeutet, dass ein Gläubiger das tun wird. Vielmehr wird Timotheus gewarnt, dass diese Dinge geschehen werden, wenn der große Abfall über die Welt hereinbrechen wird, und er wird angewiesen, die Brüder vor diesen Ereignissen zu warnen.

Den Glauben wegwerfen (1Tim 1,20; 2Tim 2,16–18)

Wie ist das mit Hymenäus und Philetus? Es gibt Leute, die sie als Beweis anführen, dass errettete Menschen später verloren gehen können. Sie gehen von zwei falschen Voraussetzungen aus: Erstens nehmen sie an, dass diese zwei Männer echte Gläubige gewesen seien und zweitens nehmen sie an, dass sie ihr Heil verloren hätten. Mit Vermutungen können wir keine Sache für uns entscheiden.

Wenn 1. Timotheus 1,19 sagt: »… indem du den Glauben bewahrst und ein gutes Gewissen, das einige von sich gestoßen …« »Das« bezieht sich auf »ein gutes Gewissen«, nicht auf »Glauben«. Aus dem Originaltext geht das klar hervor.

Oft müssen wir über Menschen wie Hymenäus und Philetus dasselbe sagen wie Paulus über die Galater: »Ich bin wegen euch im Zweifel« (Gal 4,20). Es ist interessant und vielleicht bezeichnend, dass der Apostel unmittelbar nach der Beschreibung dieser beiden Männer sagt: »Der Herr kennt, die sein sind« (2Tim 2,19). Wir können das nicht immer mit Sicherheit sagen, aber der Herr weiß es. Und wenn irgendjemand bekennt, zu Christus zu gehören, dann sollte der Betreffende das dadurch zeigen, dass er sich von Ungerechtigkeit fern hält.

Im Folgenden ist aufgezählt, was wir definitiv über Hymenäus und Philetus wissen können.

Sie irrten vom Glauben ab. Vom Glauben abirren ist nicht das Gleiche wie den Glauben verlassen. Viele Gläubige haben sich geirrt, wenn sie religiösen Erneuerern und merkwürdigen Lehren gefolgt sind. Es ist möglich, ein Christ zu sein und lehrmäßig auf unsicheren Füßen zu stehen.

Sie sagten, dass die Auferstehung bereits geschehen sei. Sie haben die Auferstehung nicht geleugnet, sondern hatten eine falsche Ansicht über ihr Wesen und den Zeitpunkt. Höchstwahrscheinlich wandten sie sie auf die Seele an, wogegen das Wort sich im Zusammenhang mit Auferstehung immer auf den Körper bezieht. Sie lehrten, dass sie zu irgendeiner Zeit stattgefunden habe, während wir wissen, dass dieses Ereignis noch immer in der Zukunft liegt. Es ist möglich, als echter Christ ziemlich unwissend zu sein.

Sie haben den Glauben mancher zerstört. Das könnte bedeuten, dass sie andere verwirrt und unterwandert haben. Es ist möglich, als echter Christ ein schlechter Arbeiter zu sein.

Hymenäus hat im Hinblick auf den Glauben Schiffbruch erlitten (1Tim 1,19). Vielleicht war er kein Deserteur, aber in seinem Leben und Dienst versagte er. Paulus sagt, dass er ihn dem Satan übergeben habe, sodass er lernen solle, nicht zu lästern. Die einzige andere Stelle, wo die Auslieferung an Satan als Bestrafung erwähnt ist, finden wir in 1. Korinther 5,5. Dieser Vers bezieht sich auf einen Gläubigen, der in Hurerei gefallen war. Er musste aus der Versammlung ausgeschlossen werden und dadurch ist er in den Machtbereich Satans versetzt worden, »damit der Geist errettet werde am Tage des Herrn«. Es ist also möglich, dass Hymenäus ein Gläubiger gewesen ist. Es ist möglich, als echter Christ ein geistliches Wrack zu sein.

Alexander ist in 1. Timotheus 1,19 gemeinsam mit Hymenäus erwähnt. Er hat ebenfalls ein gutes Gewissen von sich gestoßen und im Hinblick auf den Glauben Schiffbruch erlitten. Paulus hat ihn dem Satan übergeben, sodass auch er lerne nicht zu lästern. Wir wissen nicht, ob er derselbe Alexander war, der Paulus viel Böses erwiesen hat (2Tim 4,14).

Um im Hinblick auf diese Männer zu einer eindeutigen Aussage zu gelangen, müssten wir mehr wissen. Wir legen sie in den Akten also mit dem Vermerk ab: »Auf weitere Information warten.«

Demas (2Tim 4,10)

Demas war einer von Paulus Gefährten während seiner ersten Gefangenschaft in Rom (Phil 1,24; siehe auch Kol 4,14). Später hat er den Apostel verlassen, »da er den jetzigen Zeitlauf liebgewonnen hat« (2Tim 4,10). Handelt es sich hier um den Fall eines wahren Gläubigen, der seine Errettung verloren hat? Hatte Demas nur ein äußerliches Bekenntnis oder hatte er echten Glauben?

Die Tatsache, dass er gemeinsam mit Paulus diente, beweist nicht, dass er sich jemals bekehrt hat. Judas diente mit Christus, und viele andere, die für sich in Anspruch nahmen, Christus zu dienen, bewiesen später, dass sie Ihm nicht wirklich angehört hatten.

Das stichhaltigste Indiz, dass er kein wahres Kind Gottes war, ist die Tatsache, dass er den jetzigen Zeitlauf lieb gewonnen hat. Der Apostel Johannes stellt in seiner nüchternen Art fest: »Wenn jemand die Welt liebt, ist die Liebe des Vaters nicht in ihm« (1Jo 2,15b).

Der einzige mildernde Umstand ist, dass nicht gesagt wird, dass Demas Christus verließ, obwohl er Paulus verlassen hat. Die Tatsache, dass er die Welt liebte, wiegt aber schwerer. Es gibt also guten Grund für die Annahme, dass Demas den Herrn nicht gekannt hat.

Viele Diener des Herrn hatten ähnliche Erfahrungen wie Paulus. Sie wissen, welchen Schmerz es bereitet, wenn sich ein vertrauter und geliebter Mitarbeiter am Ende als unecht entpuppt.

Falsche Bekenner oder echte Besitzer? (Teil 2)

Zwei Briefe des Neuen Testamentes befassen sich näher mit dem Unterschied zwischen Menschen mit leerem Bekenntnis und echten Gläubigen. Einer davon ist der erste Johannesbrief. Die Empfänger des Briefes, die Johannes direkt anspricht, waren echte Gläubige. Jedoch wurden sie von einer Gruppe von falschen Lehrern bedrängt, die Gnostiker genannt werden.[24]

Sie waren arrogant und religiös und behaupteten, Christen zu sein. Bald gab es Probleme. Sie nahmen für sich in Anspruch, von Gott besondere Erkenntnis bekommen zu haben und hielten sich für geistlich höher stehend als gewöhnliche, einfache Gläubige. Sie leugneten die Gottheit Christi, sie hatten einen unmoralischen Lebenswandel, sie behandelten Gläubige mit Verachtung und behaupteten gleichzeitig, sündlos zu sein (der Gipfel der Sünde des Abfallens).[25]

Johannes schrieb seinen Brief, um den wahren Gläubigen den Rücken zu stärken und ihnen den Unterschied zwischen ihnen und diesen Irrlehrern klarzumachen. Die Gläubigen, die Christus als den Sohn Gottes anbeteten, die ein Leben der Gerechtigkeit und Liebe lebten und die ihre Sünden bekannten, waren die wirklichen Besitzer des ewigen Lebens.

> *Und dies ist die Botschaft, die wir von ihm gehört haben und euch verkündigen: dass Gott Licht ist und gar keine Finsternis in ihm ist. Wenn wir sagen, dass wir Gemeinschaft mit ihm haben, und wandeln in der Finsternis, lügen wir und tun nicht die Wahrheit. Wenn wir aber im Licht wandeln, wie er im Licht ist, haben wir Gemeinschaft miteinander, und das Blut Jesu, seines Sohnes, reinigt uns von jeder Sünde. Wenn wir sagen, dass wir keine Sünde haben, betrügen wir uns selbst, und die Wahrheit ist nicht in uns. Wenn wir unsere Sünden bekennen, ist er treu und gerecht, dass er uns die Sünden vergibt und uns reinigt von jeder Ungerechtigkeit. Wenn wir sagen, dass wir nicht gesündigt haben, machen wir ihn zum Lügner, und*

sein Wort ist nicht in uns. Meine Kinder, ich schreibe euch dies, damit ihr nicht sündigt; und wenn jemand sündigt – wir haben einen Beistand bei dem Vater: Jesus Christus, den Gerechten. Und er ist die Sühnung für unsere Sünden, nicht allein aber für die unseren, sondern auch für die ganze Welt. Und hieran erkennen wir, dass wir ihn erkannt haben: wenn wir seine Gebote halten. Wer sagt: Ich habe ihn erkannt, und hält seine Gebote nicht, ist ein Lügner, und in dem ist nicht die Wahrheit. Wer aber sein Wort hält, in dem ist wahrhaftig die Liebe Gottes vollendet. Hieran erkennen wir, dass wir in ihm sind. Wer sagt, dass er in ihm bleibe, ist schuldig, selbst auch so zu wandeln, wie er gewandelt ist. Geliebte, nicht ein neues Gebot schreibe ich euch, sondern ein altes Gebot, das ihr von Anfang an hattet. Das alte Gebot ist das Wort, das ihr gehört habt. Wiederum schreibe ich euch ein neues Gebot, das, was wahr ist in ihm und in euch, weil die Finsternis vergeht und das wahrhaftige Licht schon leuchtet. Wer sagt, dass er im Licht sei, und hasst seinen Bruder, ist in der Finsternis bis jetzt. Wer seinen Bruder liebt, bleibt im Licht, und nichts Anstößiges ist in ihm. Wer aber seinen Bruder hasst, ist in der Finsternis und wandelt in der Finsternis und weiß nicht, wohin er geht, weil die Finsternis seine Augen verblendet hat (1Jo 1,5 – 2,11).

Bei einer einfachen Auslegung, die wir zu jedem Vers dieses Abschnittes geben, werden auch die Verse erklärt, die angeblich eine an Bedingungen geknüpfte Errettung lehren.

1,5 Jesus lehrte vom Beginn Seines öffentlichen Wirkens an, dass Gott Licht ist (moralisch vollkommen) und keine Finsternis (Unreinheit) in Ihm ist.
1,6 Jeder, der behauptet, Gemeinschaft mit Ihm zu haben und in Sünde lebt, ist ein Lügner und praktiziert nicht die Wahrheit des christlichen Glaubens.
1,7 Wenn wir ein reines Leben führen, wie Er rein ist, dann haben wir Gemeinschaft mit dem Vater, mit dem Sohn und den Gläubigen, und wir werden ständig von aller Sünde gereinigt (indem wir sie bekennen und lassen).
1,8 Wenn wir sagen, dass wir keine sündhafte Natur haben oder keine sündigen Handlungen begangen haben, dann betrügen wir uns selbst und sagen nicht die Wahrheit.

1,9 Wenn wir unsere Sünde bekennen, steht Er zu Seiner Verheißung und vergibt uns unsere Sünden auf der Grundlage der Gerechtigkeit und reinigt uns von allem, was nicht recht ist.
1,10 Wenn wir sagen, dass wir sündlos gewesen sind, nennen wir Gott einen Lügner und leugnen die Wahrheit des Wortes Gottes.
2,1 Gottes vollkommener Maßstab ist, dass wir überhaupt nicht sündigen sollen (Er kann nicht weniger verlangen). Er hat aber Vorsorge getroffen, falls wir sündigen. (Er ist immer noch unser Vater, auch wenn wir sündigen.) Wir haben einen würdigen Fürsprecher, der unseren Fall vertritt.
2,2 Durch Sein Opfer hat unser Anwalt der Verteidigung den Anspruch Gottes uns gegenüber vollkommen befriedigt. Sein Tod ist ausreichend für die Sünden der ganzen Welt, aber diese Sünden sind nur dann vergeben, wenn ein Sünder den Herrn Jesus als Gott und Retter annimmt.
2,3 Eines der Merkmale eines echten Gläubigen ist, dass er dem Herrn gewohnheitsmäßig gehorcht.
2,4 Jeder, der behauptet, ein Christ zu sein und die Anordnungen des Herrn gewohnheitsmäßig missachtet, ist ein falscher Bekenner.
2,5 Wenn jemand es zu seiner Gewohnheit macht, Ihm zu gehorchen, dann ist die Liebe Gottes in ihm vollendet. Das ist ein Beweis, dass dieser Mensch errettet ist.
2,6 Unser Reden sollte unserem Handeln entsprechen. Das Leben eines Menschen sollte mit seinem Bekenntnis übereinstimmen. Jeder, der von sich sagt, dass er ein Christ ist, sollte ein Christus gemäßes Leben führen.
2,7 Der Befehl, einander zu lieben, geht auf den Beginn des Wirkens Jesu auf Erden zurück. Die Leser des Johannesbriefes haben das von Anfang an gehört.
2,8 Aber in gewissem Sinn ist es doch neu. Während die Liebe im Leben unseres Herrn immer vollkommen war, ist sie nun auch in den Gläubigen sichtbar, denn das Licht der christlichen Botschaft leuchtet in den Heiligen.
2,9 Aber die Dunkelheit ist noch immer in jedem, der seinen Bruder hasst. Er war stets in der Dunkelheit und ist es noch immer.
2,10 Derjenige, der seinen Bruder liebt, lebt im Licht. Er strauchelt nicht und ist anderen kein Anlass zum Straucheln.

2,11 Jeder, der seinen Bruder hasst, ist blind. Er wandelt in der Finsternis und weiß nicht, wo er hingeht.

In den meisten Versen unterscheidet Johannes zwischen einem echten Gläubigen und solchen, die nur bekennen, Christen zu sein (achte auf die Wiederholung von »wer sagt« (2,4.6.9).

> *Liebt nicht die Welt noch was in der Welt ist! Wenn jemand die Welt liebt, ist die Liebe des Vaters nicht in ihm; denn alles, was in der Welt ist, die Begierde des Fleisches und die Begierde der Augen und der Hochmut des Lebens, ist nicht vom Vater, sondern ist von der Welt. Und die Welt vergeht und ihre Begierde; wer aber den Willen Gottes tut, bleibt in Ewigkeit* (1Jo 2,15–17).

Eines der Merkmale eines wahren Gläubigen ist es, dass er die Welt nicht liebt in dem Sinn, dass er nicht von der Liebe zur Welt beherrscht wird. Natürlich sind die meisten Gläubigen von der Welt bis zu einem bestimmten Grad angezogen worden. Wenn aber jemand lebt, um in der Begierde des Fleisches zu schwelgen, in der Begierde der Augen und dem Hochmut des Lebens, kann er nicht zur gleichen Zeit den Vater lieben. Dann lebt er für ein verlorenes System. Nur diejenigen, die leben, um den Willen Gottes zu tun, werden in Ewigkeit bleiben.

Es gibt hier nichts, was die Verlierbarkeit des Heils befürwortet. Es wird ein Kontrast zwischen Menschen gezeichnet, die die Welt lieben, und solchen, die Gott lieben, zwischen Erretteten und Verlorenen.

Wozu sollte man Christen davor warnen, die Welt zu lieben, wenn sie gar nicht dazu im Stande sind? Weil die Welt einen negativen Einfluss auf das Volk Gottes haben kann, auch wenn sie in ihren Leben nicht den ersten Platz einnehmen kann.

> *Wenn ihr wisst, dass er gerecht ist, so erkennt, dass auch jeder, der die Gerechtigkeit tut, aus ihm geboren ist. Seht, welch eine Liebe uns der Vater gegeben hat, dass wir Kinder Gottes heißen sollen! Und wir sind es. Deswegen erkennt uns die Welt nicht, weil sie ihn nicht er-*

kannt hat. Geliebte, jetzt sind wir Kinder Gottes, und es ist noch nicht offenbar geworden, was wir sein werden; wir wissen, dass wir, wenn es offenbar werden wird, ihm gleich sein werden, denn wir werden ihn sehen, wie er ist. Und jeder, der diese Hoffnung auf ihn hat, reinigt sich selbst, wie er rein ist. Jeder, der die Sünde tut, tut auch die Gesetzlosigkeit, und die Sünde ist die Gesetzlosigkeit. Und ihr wisst, dass er geoffenbart worden ist, damit er die Sünden wegnehme; und Sünde ist nicht in ihm. Jeder, der in ihm bleibt, sündigt nicht; jeder, der sündigt, hat ihn nicht gesehen noch ihn erkannt. Kinder, niemand verführe euch! Wer die Gerechtigkeit tut, ist gerecht, wie er gerecht ist. Wer die Sünde tut, ist aus dem Teufel, denn der Teufel sündigt von Anfang an. Hierzu ist der Sohn Gottes geoffenbart worden, damit er die Werke des Teufels vernichte. Jeder, der aus Gott geboren ist, tut nicht Sünde, denn sein Same bleibt in ihm; und er kann nicht sündigen, weil er aus Gott geboren ist (1Jo 2,29 – 3,9).

Wie der Vater, so der Sohn. Es ist eine Tatsache des natürlichen Lebens, dass Gleiches Gleiches hervorbringt. Kinder ähneln von Geburt an ihren Eltern. So ist es auch im geistlichen Bereich. Weil der Vater gerecht ist, werden die Kinder in Gerechtigkeit leben.

Der Gedanke »die aus ihm geboren sind« (2,29) lässt Johannes erstaunt ausrufen, dass wir Kinder Gottes heißen sollen. Kein Wunder, dass die Welt weder bemerkt noch versteht, wer wir sind. Sie hat auch unseren Herrn nicht erkannt.

Danach lässt Johannes ein wunderbares Feuerwerk über die ewige Sicherheit los, der Apostel nennt die an keine Bedingungen geknüpfte Tatsache, dass wir (seine Leser und alle wahren Gläubigen) verwandelt werden, um Ihm gleich zu sein, indem wir auf Ihn schauen. Da gibt es keinen Zweifel! In der Zwischenzeit dient diese Aussicht als reinigende Hoffnung. Und wir müssen uns in Erinnerung rufen, dass diese Hoffnung sicher ist, weil sie sich auf Gottes Wort gründet.

Damit kommt Johannes zu einem weiteren Merkmal eines Gläubigen. Obwohl er noch immer sündigt, lebt er nicht unter der

Herrschaft der Sünde. Sein Leben ist nicht von Sünde bestimmt. Er ist kein gewohnheitsmäßiger Sünder. Die folgende Umschreibung sucht das auszudrücken.

4. Jeder, der die Sünde praktiziert (darin lebt), praktiziert auch die Gesetzlosigkeit, und die Sünde ist die Gesetzlosigkeit.
5. Und ihr wisst, dass Er geoffenbart worden ist, damit Er die Sünden wegnehme; und Sünde ist nicht in Ihm.
6. Jeder, der in Ihm bleibt, jeder Christ also, sündigt nicht mehr gewohnheitsmäßig. Jeder, der von Sünde beherrscht wird, hat Ihn nicht gesehen noch Ihn erkannt.
7. Kinder, niemand verführe euch! Wer in Gerechtigkeit lebt, ist gerecht, wie Er gerecht ist.
8. Wessen Leben von Sünde geprägt ist, ist aus dem Teufel, denn der Teufel sündigt von Anfang an. Hierzu ist der Sohn Gottes geoffenbart worden, damit Er die Werke des Teufels vernichte.[26]
9. Jeder, der aus Gott geboren ist, lebt nicht in Sünde, denn Sein Same, das ist das Leben Christi, bleibt in Ihm und er kann nicht weiter in Sünde leben, weil er ein Kind Gottes ist.[27]
Die Stellen 1. Johannes 3,4–9 und 5,18 werden in Kapitel 21 »Gelegentlich oder aus Gewohnheit?« im Einzelnen besprochen.

Wir wenden uns nun dem Jakobusbrief zu und wollen sehen, wie er mit dem Thema von leerem Bekenntnis und Realität umgeht. Es fällt auf, dass der Brief sich im Ton sehr vom 1. Johannesbrief unterscheidet. Jakobus wendet sich an Leute, deren Leben mit ihrem Bekenntnis nicht übereinzustimmen schien. Deshalb drückt er sich ziemlich unverblümt aus – was auch notwendig war, um durch die verhärteten Herzen von vielen seiner Leser durchzudringen. Er machte sie darauf aufmerksam, dass ihre guten Werke ihre Behauptung, gläubig zu sein, zeigen müssen.

Mit Jakobus 2,14–26 haben wir einen Abschnitt vor uns, der historisch zu den eher umstrittenen Stellen des Wortes Gottes gehört. Manche behaupten, hier werde gelehrt, dass wir durch Werke errettet werden, oder zumindest teilweise durch Werke. Vertreter der Verlierbarkeit des Heils verwenden diese Stelle für die Aussage, dass unsere Errettung durch Werke *bewahrt* wird.

Wir wollen sehen, wie unsere Ansicht von der Unterscheidung zwischen leerem Bekenntnis und echtem Besitz uns hilft, um Klarheit in diese Angelegenheit zu bringen.

> *Was nützt es, meine Brüder, wenn jemand sagt, er habe Glauben, hat aber keine Werke? Kann etwa der Glaube ihn erretten? Wenn aber ein Bruder oder eine Schwester dürftig gekleidet ist und der täglichen Nahrung entbehrt, aber jemand unter euch spricht zu ihnen: Geht hin in Frieden, wärmt euch und sättigt euch! ihr gebt ihnen aber nicht das für den Leib Notwendige, was nützt es? So ist auch der Glaube, wenn er keine Werke hat, in sich selbst tot. Es wird aber jemand sagen: Du hast Glauben, und ich habe Werke. Zeige mir deinen Glauben ohne Werke, und ich werde dir aus meinen Werken den Glauben zeigen! Du glaubst, dass nur einer Gott ist? Du tust recht; auch die Dämonen glauben und zittern. Willst du aber erkennen, du eitler Mensch, dass der Glaube ohne die Werke nutzlos ist? Ist nicht Abraham, unser Vater, aus Werken gerechtfertigt worden, da er Isaak, seinen Sohn, auf den Opferaltar legte? Du siehst, dass der Glaube mit seinen Werken zusammenwirkte und der Glaube aus den Werken vollendet wurde. Und die Schrift wurde erfüllt, welche sagt: »Abraham aber glaubte Gott, und es wurde ihm zur Gerechtigkeit gerechnet«, und er wurde »Freund Gottes« genannt. Ihr seht also, dass ein Mensch aus Werken gerechtfertigt wird und nicht aus Glauben allein. Ist aber nicht ebenso auch Rahab, die Hure, aus Werken gerechtfertigt worden, da sie die Boten aufnahm und auf einem anderen Weg hinaus ließ? Denn wie der Leib ohne Geist tot ist, so ist auch der Glaube ohne Werke tot* (Jak 2,14–26).

Die Worte von Jakobus werden manchmal verwendet, um zu zeigen, dass der Glaube an Christus allein nicht ausreicht. Dem anfänglichen Glauben müssen andauernd gute Werke folgen, damit er zum Ziel führt. Deshalb ist der Glaube ohne Werke tot. Wir wollen die Verse sorgfältig untersuchen und herausfinden, was sie wirklich aussagen.

Vers 14. Hier wird nicht gesagt, dass dieser Mann Glauben hat. Er *sagt,* dass er Glauben hat. Es ist ein angeblicher Glaube, aber es hat nie eine Änderung in seinem Leben gegeben. Werke sind hier keine Bedingung für das Andauern seiner Errettung. Sie sind der Beweis von rettendem Glauben. Wenn Christus in ein Leben tritt, bewirkt er einen Unterschied. Es genügt nicht, vom Glauben zu reden. Ein Mensch muss seine Sünden ehrlich bereuen und Christus als Herrn und Heiland vertrauen.

Die Verse 15–17 veranschaulichen und betonen die Nutzlosigkeit von Worten ohne Taten. Deshalb handelt es sich nur um leere Worthülsen, wenn jemand von Glauben spricht, sein Leben aber keine Frucht hervorbringt.

Vers 18. Ein echter Gläubiger fordert einen angeblichen Christen heraus, ihm seinen Glauben ohne Werke zu zeigen. Das ist unmöglich. Glaube ist unsichtbar. Nur Werke können echten Glauben sichtbar machen. Ein Gläubiger kann also mit vollem Recht sagen: »Ich werde dir meinen Glauben durch meine Werke zeigen.«

Vers 19. Ein rein intellektueller Glaube, ein Glaube an offensichtliche Fakten ist nicht ausreichend. Sogar die Dämonen glauben an die Existenz Gottes und zittern. Aber das reicht nicht zu ihrer Errettung aus.

Vers 20. Wir sind *nicht* durch Werke errettet. Wir sind nicht durch Glauben *in Verbindung mit* Werken errettet. Aber wir sind errettet durch die Art von Glauben, die ein Leben guter Werke *hervorbringt.* Die guten Werke tragen nicht zum Fortdauern der Errettung bei. Wenn sie das täten, wäre das eine Art von Errettung aus Werken. Vielmehr sind sie jedoch das unvermeidbare Resultat eines echten, rettenden Glaubens.

Verse 21–24. Jakobus zitiert nun Abraham als ein Beispiel von echtem Glauben. In 1. Mose 15,6 »glaubte er Gott und er rechnete es ihm zur Gerechtigkeit«. Mit anderen Worten – er ist durch Glauben gerechtfertigt worden. Jahre später – vielleicht 20 Jahre – ist er durch Werke gerechtfertigt worden, als er die Bereitschaft zeigte, Isaak als ein Brandopfer für Gott darzubringen (1Mo 22,10). Seine Tat zeigte die Wirklichkeit seines Glaubens.

Beachte, dass es sich hier nicht um etwas handelt, das wir normalerweise als ein »gutes Werk« bezeichnen würden. Er hatte die Absicht, seinen Sohn zu töten. Der einzige Grund, warum seine Handlungsweise gut war, ist, weil er damit seinen Glauben an Gott bewies.

Vers 25. Das Gleiche gilt für Rahab. Ihr Werk war Verrat, normalerweise eine böse Tat. Das Werk hat sie nicht errettet oder zu ihrer Errettung beigetragen, aber es war der Beweis, dass ihr Glaube an den Gott Israels echt war.

Vers 26. Jakobus rundet das Thema ab, indem er uns daran erinnert, dass der Glaube (der unsichtbar ist) ohne Werke (sichtbar) tot ist, genauso wie der Körper (sichtbar) ohne den Geist (unsichtbar) tot ist.

Im Allgemeinen ist diese Stelle nicht sehr geeignet, um die Verlierbarkeit des Heils zu beweisen. Sie beweist nicht, dass gute Werke dem Glauben *hinzugefügt* werden müssen, um eine fortdauernde Errettung zu erreichen. Es wird jedoch betont, dass Werke einen Beweis echten Glaubens darstellen.

Gesetz oder Gnade

Im Grunde genommen hängt die Frage der Sicherheit eines Gläubigen vom Verständnis der Gnade Gottes ab. Beide Parteien würden der Feststellung zustimmen, dass Errettung aus Gnade geschieht, aber in dem, was sie mit Gnade *meinen*, gibt es einen Unterschied.

Es ist wichtig, sich daran zu erinnern, dass es nur zwei Prinzipien für das Angebot der Errettung gibt – Gesetz oder Gnade.

Unter dem Prinzip des Gesetzes versteht man, dass es irgendeine Leistung gibt, die wir vollbringen müssen und können, um Errettung zu verdienen oder zu behalten. Das Prinzip der Gnade sagt, dass Errettung Gottes unverdiente Gunst vom Anfang bis zur Vollendung ist. Es gibt nichts, das wir tun können und müssen, um die Errettung zu erarbeiten, zu verdienen oder zu behalten. Sie ist ein Geschenk, bedingungslos durch Glauben empfangen und hat mit Werken nicht das Geringste zu tun.

Die zwei Prinzipien sind vollkommen entgegengesetzt. Paulus stellt klar, dass sie nicht vermengt werden können: »Wenn aber aus Gnade, so ist es nicht mehr um der Werke willen, sonst würde die Gnade nicht mehr Gnade sein; wenn aber um der Werke willen, so ist es nicht mehr aus Gnade, sonst wäre das Werk nicht mehr Werk« (Röm 11,6 Schlachter). Errettung kann nicht zum Teil durch das Halten des Gesetzes und zum Teil durch Gnade geschehen.

Diejenigen, die an die Verlierbarkeit des Heils glauben, werden zustimmen, dass *am Anfang* der Errettung Gnade steht, doch sie glauben auch, dass ein Mensch seine Errettung verlieren kann, entweder indem er sich entschließt, nicht mehr zu glauben oder wegen ernsthafter oder andauernder Sünde. Ihre Schriften verraten die Tatsache, dass sie Gesetz und Gnade zu vermengen suchen. Beispielsweise sagt einer ihrer führenden Vertreter:

> Die Herrschaft Jesu über das Ich, das Leben und den Besitz muss anerkannt werden, wenn wir Ihn als Retter kennen wollen.[28]

An anderer Stelle schreibt er:

> Ein Mensch, der ewiges Leben bekommen will, hat nicht die freie Wahl, sich an Seine Gebote zu halten. Es ist ein essenzieller Bestandteil des rettenden Glaubens.[29]

Und wieder:

> In gewissem Sinn ist der Mensch sein eigener Retter.[30]

Normalerweise lautet das Argument, dass wir glauben müssen und fortfahren zu glauben. Wir müssen ausharren. Wir müssen weitermachen. Wir müssen durchhalten. Wir müssen festhalten. Die Betonung liegt darauf, *was wir tun müssen*, nicht darauf, was *Gott getan hat*. Es steht und fällt mit dem menschlichen Bemühen, nicht mit dem göttlichen Geschenk. Hier geht es um Werke. Das ist das Prinzip des Gesetzes. Es wird gesagt, dass es etwas gibt, das ein Mensch tun muss, um die Errettung zu erlangen oder zu behalten.

Einige der Christen in Galatien sind aus Gnade durch Glauben errettet worden, ohne Halten des Gesetzes. Aber sie haben falschen Lehrern geglaubt, die sagten, dass sie nun das Gesetz halten müssten, um ihre Errettung festzuhalten. Paulus tadelt sie: »Seid ihr so unverständig? Nachdem ihr im Geist angefangen habt, wollt ihr jetzt im Fleisch vollenden?« (Gal 3,3).

Sie hätten daran denken sollen, dass Errettung ein kostenloses Geschenk ist, das man durch Glauben erlangen kann und das von Werken vollkommen unabhängig ist. Christus hat am Kreuz Sein Werk vollendet. Wir dürfen nicht versuchen, Seinem vollendeten Werk etwas hinzuzufügen. Derselbe, der das gute Werk begonnen hat, bringt es auch zum Ende (siehe Phil 1,6). Das Bewahren unserer Seelen gehört zu Gottes Verantwortung (1Tim 1,12).

Zwangsläufig wirft das die Frage auf: »Was geschieht, wenn ein Kind Gottes sündigt?« Die eine Ansicht ist, dass er sein Heil verliert und noch mal errettet werden muss. Die andere Erklärung ist, dass seine Gemeinschaft mit Gott unterbrochen ist und unterbrochen bleibt, bis er seine Sünde bekennt und lässt. Wer die erste Möglichkeit für richtig hält, glaubt, dass Gott die Heiligung der Gläubigen dadurch vorantreibt, dass er sie in Furcht versetzt, ihre Errettung zu verlieren. Wer dem Lager derer angehört, die die Gnade hochhalten, betont, dass die Liebe zum Herrn das stärkste Motiv ist und nicht Angst vor Bestrafung.

Heißt das, dass diejenigen, die in der Lehre der Gnade fest gegründet sind, unbekümmert in Sünde weiterleben können? Gott behüte! Vielmehr wirft das die Frage auf, ob so jemand jemals errettet gewesen ist.

Wir haben hier also die beiden Anschauungen. Eine sagt, dass ein Christ, der wiederholt sündigt, verloren ist (wie ernst oder schwerwiegend die Sünde ist, wird nicht definiert). Die andere sagt, wenn es für einen Menschen typisch ist, dass er sündigt, wenn Sünde der dominierende Faktor in seinem Leben ist, dann gehört er nicht zu Gottes Familie. Wenn er in Wahrheit errettet ist, wird er vom Herrn gedrängt, seine Sünde zu bekennen und des Vaters Vergebung zu erhalten.

Folgend sind einige Verse angeführt, die dafür verwendet werden um zu beweisen, dass ein Gläubiger durch sein Verhalten die Errettung erlangt oder verliert:

> *Wer aber ausharrt bis ans Ende, der wird errettet werden* (Mt 24,13).

Im Kontext bezieht sich dieser Vers im Besonderen auf die große Trübsal. Einige könnten versucht sein zu denken, dass sie der Verfolgung und dem Martyrium entgehen können, indem sie leugnen, Gläubige zu sein. Der Herr aber ermutigt sie und sagt, dass wahre Sicherheit im Ausharren bis ans Ende liegt.

Wenn man jedoch diesen Vers auf einen Gläubigen unserer Tage anwendet, zeigt er einfach, dass wahrer Glaube immer von Dauer ist. Der Glaube mag zeitweilig Rückschläge erleiden, aber er wird nicht aufhören. Ein Gläubiger mag siebenmal fallen und wird wieder aufstehen (siehe Spr 24,16). Ausharren ist typisch für ein wahres Kind Gottes. »Die auf den HERRN vertrauen, sind wie der Berg Zion, der nicht wankt, der ewig bleibt« (Ps 125,1).

Die Annahme, dass wir ewiges Leben durch Ausharren erlangen, widerspricht über 30 Versen, die lehren, dass wir durch Glauben an den Herrn errettet sind.

> *Jesus sprach nun zu den Juden, die ihm geglaubt hatten: »Wenn ihr in meinem Wort bleibt, so seid ihr wahrhaft meine Jünger; und ihr werdet die Wahrheit erkennen, und die Wahrheit wird euch frei machen«* (Joh 8,31–32).

Jesus hat diese Worte an einige Juden gerichtet, die eben erst an Ihn geglaubt hatten. Sie konnten die Realität ihres Glaubens unter Beweis stellen, indem sie in Seinem Wort bleiben. Das würde zeigen, dass sie Jünger im wahren Sinn des Wortes sind und sie würden sich an der befreienden Macht des Wortes freuen.

> *Wahrlich, wahrlich, ich sage euch: Wenn jemand mein Wort bewahren wird, so wird er den Tod nicht sehen in Ewigkeit* (Joh 8,51).

Das Wort des Herrn Jesus zu bewahren heißt an Ihn zu glauben. Wir wissen das, indem wir diesen Vers mit Johannes 11,26 vergleichen. Im ersten wird der, der das Wort hält, nicht sterben. Im zweiten wird der, der an Ihn glaubt, nicht sterben. Die Dinge, die mit derselben Sache gleich sind, sind auch miteinander gleich.

Gemeinschaft oder Beziehung

Wenn wir im Neuen Testament auf Probleme stoßen, liegt die Lösung manchmal darin, dass wir zwischen Gemeinschaft und Stellung unterscheiden. Wenn wir von der Beziehung sprechen, meinen wir damit das Verwandtschaftsverhältnis, das zwischen Gott dem Vater und einem Gläubigen durch die neue Geburt hergestellt wurde. Gemeinschaft bezieht sich auf die ungetrübte Familienatmosphäre, die zwischen einem Christen und den Personen der Gottheit herrscht, wenn es keine Sünde gibt, die er nicht bekannt hat, wenn Einklang da ist, wenn sie einträchtig miteinander leben. Eine Stelle, die zwischen Gemeinschaft und Beziehung unterscheidet, finden wir in Johannes 13.

> *Vor dem Passafest aber, als Jesus wusste, dass seine Stunde gekommen war, aus dieser Welt zu dem Vater hinzugehen – da er die Seinen, die in der Welt waren, geliebt hatte, liebte er sie bis ans Ende. Und bei einem Abendessen, als der Teufel schon dem Judas, Simons Sohn, dem Iskariot, es ins Herz gegeben hatte, dass er ihn überliefere, steht Jesus – im Bewusstsein, dass der Vater ihm alles in die Hände gegeben und dass er von Gott ausgegangen war und zu Gott hingehe – von dem Abendessen auf und legt die Oberkleider ab; und er nahm ein leinenes Tuch und umgürtete sich. Dann gießt er Wasser in das Waschbecken und fing an, die Füße der Jünger zu waschen und mit dem leinenen Tuch abzutrocknen, mit dem er umgürtet war. Er kommt nun zu Simon Petrus; der spricht zu ihm: Herr, du wäschst meine Füße? Jesus antwortete und sprach zu ihm: Was ich tue, weißt du jetzt nicht, du wirst es aber nachher verstehen. Petrus spricht zu ihm: Du sollst nie und nimmer meine Füße waschen! Jesus antwortete ihm: Wenn ich dich nicht wasche, so hast du kein Teil mit mir. Simon Petrus spricht zu ihm: Herr, nicht meine Füße allein, sondern auch die Hände und das Haupt! Jesus spricht zu ihm: Wer gebadet ist, hat nicht nötig, sich zu waschen, ausgenommen die Füße, sondern ist ganz rein; und ihr seid rein, aber nicht alle. Denn er kannte den, der ihn überlieferte; darum sagte er: Ihr seid nicht alle rein* (Joh 13,1–11).

Welch erstaunliche Begebenheit! Hier sehen wir, wie der mächtige Schöpfer des Universums den Schurz eines Sklaven anlegt und sich bückt, um die Füße Seiner Jünger zu waschen. Als die Reihe an Petrus kam, protestierte der ungestüme Apostel, dass es für den Meister nicht angebracht sei, die Füße eines Jüngers zu waschen. »Du sollst nie und nimmer meine Füße waschen«, sagte er.

Der Herr Jesus antwortete: »Wenn ich dich nicht wasche, so hast du kein Teil mit mir« (Vers 8). In diesem Fall bat Petrus um ein vollständiges Bad, nicht nur um eine Teilwaschung.

Jesus antwortete: »Wer gebadet ist, hat nicht nötig, sich zu waschen, ausgenommen die Füße, sondern ist ganz rein …«

Die Worte des Heilands im Vers 8 werden manchmal dazu verwendet, um die Verlierbarkeit des Heils zu befürworten. Um sie richtig zu verstehen, müssen wir den Hintergrund beachten.

Es gibt einen Unterschied zwischen Bad und Fußwaschung. Ersteres ist das Bad der Wiedergeburt, wie es in Titus 3,5 erwähnt ist. »… nicht aus Werken, die, in Gerechtigkeit vollbracht, wir getan hätten, sondern nach seiner Barmherzigkeit durch die Waschung der Wiedergeburt und Erneuerung des Heiligen Geistes.« Mit einem Wort – das Bad ist die Errettung. Das ist ein einmaliges Ereignis.

Aber dann gibt es noch die Fußwaschung. Das Bad ist ein einmaliges Ereignis, doch Fußwaschungen gibt es immer wieder. Im Leben als Christen begehen wir täglich Sünden und kommen in Kontakt mit Unreinheit. Ständig haben wir Reinigung durch Anwendung des Wortes Gottes auf unser Leben nötig. Hier ist vom Aufrechterhalten der Gemeinschaft die Rede. Die Beziehung gleicht einem unzerreißbaren Band, die Gemeinschaft einem Faden, der leicht reißen kann. Sünde zerstört die Gemeinschaft und wir haben den Dienst des Wortes nötig, um unseren Wandel zu reinigen.

Zur Zeit von Paulus sind die Leute für eine gründliche Reinigung in das öffentliche Bad gegangen. Wenn sie danach in ihren Sandalen nach Hause gegangen sind, waren ihre Füße wieder mit dem Staub der Straße beschmutzt. Das ist ein Bild für Bad und Fußwaschung. Das Bad ist die Errettung, die Fußwaschung die Heiligung.

Weil das Bad der Wiedergeburt nur einmal stattfindet, hatte Petrus nicht nötig, von neuem gebadet zu werden. Er war schon errettet. Das widerlegt die Theorie, dass ein Erretteter sein Heil durch Sünde verlieren kann und von neuem errettet wird.

Durch den Akt der Wiedergeburt entsteht die Beziehung. Gott ist der Vater und der Gläubige ist Sein Kind. Dieses Verwandtschaftsverhältnis ist unauflöslich. Genau wie bei natürlichen Familienbanden ist die Beziehung des Kindes immerwährend. Sünde kann diese Beziehung nicht zerstören. Wenn ein Gläubiger sündigt, ist Gott noch immer sein Vater (1Jo 2,1b).

Wenn der Herr zu Petrus sagt: »Wenn ich dich nicht wasche, hast du kein Teil mit mir«, hat Er von der Gemeinschaft gesprochen, nicht von der Beziehung. Ohne die beständige Reinigung durch das Wort könnte Petrus nicht in Gemeinschaft mit seinem Meister leben.

Die Reinigung durch das Wort steht nicht im Widerspruch zur Reinigung durch das Blut von Jesus Christus, dem Sohn Gottes. Wenn wir uns an das Wort halten, leitet es uns, Sünde zu bekennen und zu lassen, »und das Blut Jesu, seines Sohnes, reinigt uns von jeder Sünde« (1Jo 1,7c). Diese zwei Arten von Reinigung sind also kein Widerspruch, sondern eine Ergänzung.

Errettung oder Jüngerschaft?

Das Unvermögen, zwischen Versen zu unterscheiden, die von Errettung sprechen und solchen, in denen es um Jüngerschaft geht, hat bezüglich der ewigen Sicherheit der Gläubigen Verwirrung gestiftet.

Wenn Gott Sündern auf der Basis des Glaubens ewiges Leben verheißt, kannst du sicher sein, dass es um die Errettung der Seelen geht. Wenn aber der Herr zu wahren Jüngern spricht und sie zu einem Leben der Hingabe, der guten Werke und Heiligung aufruft, dann geht es um Jüngerschaft.

Es gibt keine Abstufungen des Heils. Entweder ist jemand errettet oder er ist es nicht. Kein Gläubiger ist für den Himmel geeigneter als ein anderer. Wenn jemand Jesus Christus als seinen Herrn und Heiland hat, ist er so passend für den Himmel, wie Gott ihn nur ausstatten kann. Er ist nicht durch seine eigene Leistung errettet, sondern durch die Leistung des Heilands. »In Christus« ist er angenommen, vollkommen und für den Himmel passend.

Wir haben bereits Verse zitiert, die klar von Errettung sprechen. Um nur einige zu erwähnen: Matthäus 11,28; Johannes 1,12; 3,16; 3,36; 5,24; 6,47; Apostelgeschichte 16,31; Römer 10,9.

Während es keine Grade in Bezug auf die Eignung für den Himmel gibt, so gibt es in der Jüngerschaft sehr wohl unterschiedliche Grade. Es gibt beispielsweise Kinder, junge Männer und Väter (1Jo 2,12–14). Manche werden noch immer mit Milch gefüttert, während andere feste Nahrung zu sich nehmen (Hebr 5,12–14). Ein Jünger ist ein Lernender und offensichtlich lernen manche Christen mehr als andere.

Wenn ein Mensch errettet wird, beginnt er in Gottes Schule der Jüngerschaft. Je mehr er das Wort studiert und ihm gehorcht, desto schneller wird er Fortschritte machen und eine Stufe nach der anderen höher steigen. Es ist das Ziel der Jüngerschaft, dem Meister immer ähnlicher zu werden.

Jesus sprach von denen, die Vertrauen in das Wort setzten und wirkliche Jünger wurden. Beim Ausdruck »wirkliche Jünger« könnte der Eindruck entstehen, dass es sich um den Idealzustand handelt. Niemand ist ein perfekter Jünger, aber jeder kann ein wirklicher Jünger werden, indem er der harten Rede des Herrn genauso gehorcht wie Seinen einfachen Anordnungen.

Wir wollen uns einige der harten Reden anhören:

> *Er sprach aber zu allen: Wenn jemand mir nachkommen will, verleugne er sich selbst und nehme sein Kreuz auf täglich und folge mir nach* (Lk 9,23)!

> *Wenn jemand zu mir kommt und hasst nicht seinen Vater und die Mutter und die Frau und die Kinder und die Brüder und die Schwestern, dazu aber auch sein eigenes Leben, so kann er nicht mein Jünger sein* (Lk 14,26).

Das heißt, dass der im vollen Sinn des Wortes ideale Jünger Christus den Vorrang vor zwischenmenschlichen Beziehungen einräumt.

> *So kann nun keiner von euch, der nicht allem entsagt, was er hat, mein Jünger sein* (Lk 14,33).

Es sollte klar sein, dass es sich bei diesen Versen nicht um das Evangelium handelt. Das ist keine gute Nachricht für verlorene Sünder. Um dem hier genannten Anspruch gerecht werden zu können, bedarf es eines Lebens in der Kraft Gottes, und der einzige Weg, um dieses Leben in der Kraft Gottes zu erhalten ist, von neuem geboren zu werden. Ohne diese Kraft können uns diese Verse nur verurteilen. Aber für Gläubige, die den Wunsch haben, in enger Gemeinschaft mit dem Herrn Jesus Christus zu leben, enthalten diese Verse gute Anweisungen. Sie stellen einen Idealzustand dar, den alle Christen anstreben sollten.

Hier sind noch weitere Verse, die über Jüngerschaft sprechen und nicht über Errettung:

Und sein Herr wurde zornig und überlieferte ihn den Folterknechten, bis er alles bezahlt habe, was er ihm schuldig war. So wird auch mein himmlischer Vater euch tun, wenn ihr nicht ein jeder seinem Bruder von Herzen vergebt (Mt 18,34–35).

Wie schon an anderer Stelle erklärt, heißt das nicht, dass der Jünger, der nicht vergeben wollte, an Satan oder die Hölle ausgeliefert wird, sondern vielmehr, dass er das Leid ertragen müsse, das durch eine unterbrochene Beziehung mit Gott verursacht wird. Beachte, dass die Strafe zeitlich begrenzt ist, nicht ewig – »bis er alles bezahlt hat«. Die Beziehung mit Gott ist wiederhergestellt, sobald er seine Sünde bekannt und gelassen und Schadenersatz geleistet hat.

Und ein jeder, der Häuser oder Brüder oder Schwestern oder Vater oder Mutter oder Kinder oder Äcker um meines Namens willen verlassen hat, wird hundertfach empfangen und ewiges Leben erben (Mt 19,29).

Das bedeutet, dass der Becher der Freude und die Belohnung im ewigen Leben größer sein werden. Das Leben an sich wird durch den Glauben an Christus erworben.

Wer sein Leben liebt, verliert es; und wer sein Leben in dieser Welt hasst, wird es zum ewigen Leben bewahren (Joh 12,25).

Auch hier steht nicht der Besitz des ewigen Lebens auf dem Spiel, sondern größerer Lohn und vollkommenere Freude im Himmel.

Wir können das Thema folgendermaßen zusammenfassen: Wenn man Verse vor sich hat, die Sünder einladen, ihren Glauben auf Christus zu setzen, weiß man, dass es sich um Errettung handelt. Wo der Leser zu Liebe, Heiligkeit, einem opferbereiten Leben, Überwinden oder anderen christlichen Tugenden ermahnt wird, ist Jüngerschaft im Blickfeld.

Fruchtbringen oder Errettung?

Ich bin der wahre Weinstock, und mein Vater ist der Weingärtner. Jede Rebe an mir, die nicht Frucht bringt, die nimmt er weg; und jede, die Frucht bringt, die reinigt er, dass sie mehr Frucht bringe. Ihr seid schon rein um des Wortes willen, das ich zu euch geredet habe. Bleibt in mir und ich in euch! Wie die Rebe nicht von sich selbst Frucht bringen kann, sie bleibe denn am Weinstock, so auch ihr nicht, ihr bleibt denn in mir. Ich bin der Weinstock, ihr seid die Reben. Wer in mir bleibt und ich in ihm, der bringt viel Frucht, denn getrennt von mir könnt ihr nichts tun. Wenn jemand nicht in mir bleibt, so wird er hinausgeworfen wie die Rebe und verdorrt; und man sammelt sie und wirft sie ins Feuer, und sie verbrennen (Joh 15,1–6).

Das Thema hier ist nicht Errettung, sondern *Fruchtbringen.* Es ist keine evangelistische Botschaft für Sünder, sondern eine Ermutigung für Heilige zur engen Gemeinschaft mit dem Herrn. Errettung ist ein Geschenk, das man umsonst erhält; aber ein Leben von geistlicher Vertrautheit mit dem Herrn Jesus ist denen vorbehalten, die in Seiner Liebe bleiben und Seinen Geboten gehorchen.

Im Kontrast zu Israel ist der Herr Jesus der wahre Weinstock. Diese Nation hat nur schlechte Trauben hervorgebracht (Jes 5,2.4). Gott, der Vater, ist der Weingärtner. Alle Gläubigen sind Reben am Weinstock. Sie sind von ihm abhängig, wenn es um ihr Leben, ihre Nahrung und ihren Ertrag geht.

Die große Frage ist, was der Ausdruck »nimmt weg« in Vers 2 bedeutet. Für einen Arminianer ist diese Stelle ein Beweis, dass ein wahrer Gläubiger in die Hölle geschickt werden kann. Manche denken, dass eine fruchtleere Rebe jemand ist, der nur ein äußeres Bekenntnis hat. Andere sagen, dass es bedeutet, durch Krankheit oder Tod vom Dienst weggenommen zu werden (Apg 5,1–10; 1Kor 11,30). Die Interpretationsmöglichkeiten sind Legion. Ich füge noch eine weitere hinzu.

Das Wort, das mit »nimmt weg« übersetzt ist, könnte genauso gut wiedergegeben werden mit »erheben« oder »aufheben«. Tatsächlich wäre das mehr in Übereinstimmung mit dem Weinbau. Das Bild zeigt eine Rebe, die am Boden liegt, erdig und von Insekten befallen. Der Weingärtner hebt sie auf und vielleicht befestigt er sie an einem Pfahl, damit sie ihre Aufgabe, Frucht hervorzubringen, weiterhin erfüllen kann.

In den folgenden Bibelversen ist das griechische Wort mit »erheben« übersetzt, »wegnehmen« würde hier keinen Sinn ergeben:

Lukas 17,13: »Sie *erhoben* ihre Stimmen.«

Johannes 11,41: »Jesus *hob* die Augen *empor*.«

Apostelgeschichte 4,24: »Sie *erhoben* ihre Stimmen einmütig zu Gott.«

Offenbarung 10,5: »Und der Engel … *erhob* seine Hand zum Himmel.«

Hier sind noch weitere Verse, wo das Wort eher »aufnehmen« als »wegnehmen« bedeutet:

Matthäus 9,6: »… Dann sagt er zu dem Gelähmten: Steh auf, *nimm* dein Bett *auf*, und geh in dein Haus …« (siehe auch Mk 2,3; 9; 11; 12; Lk 5,24–25; Joh 5,8–12).

Matthäus 11,29: »*Nehmt* auf euch mein Joch, und lernt von mir …«

Matthäus 14,20: »… Und sie *hoben auf*, was an Brocken übrig blieb: zwölf Handkörbe voll« (siehe auch Mt 15,37; Mk 6,43; 8,8; 19–20).

Matthäus 16,24: »… Wenn jemand mir nachkommen will, der verleugne sich selbst und *nehme* sein Kreuz *auf* und folge mir nach!« (siehe auch Mt 27,32; Mk 8,34; 10,21; 15,21).

Matthäus 17,27: »… geh an den See, wirf eine Angel aus und *nimm* den ersten Fisch, der heraufkommt, … »

Markus 16,18: »… und Schlangen *anfassen* …«

Johannes 8,59: »… da *hoben* sie Steine *auf*, um auf ihn zu werfen …«

Sogar in Versen, in denen das Wort mit »wegnehmen« übersetzt ist, zeigt der Kontext offensichtlich, was gemeint ist (siehe Mt 14,12; 22,13; 24,39; Mk 6,29; Lk 8,12; Joh 11,39; 19,38). Nur selten hat es die Bedeutung von wegnehmen im Sinn von Zerstörung.

Der letzte Teil von Vers 2 sagt uns, wie der himmlische Weingärtner den Weinstock beschneidet, damit er Frucht hervorbringt. Das stellt sicher, dass alle benötigten Nährstoffe der Frucht zugute kommen und nicht an Blätter und Reben vergeudet werden. Hier entspricht Beschneiden der Kindererziehung in Hebräer 12. Es bedeutet, sich all dessen zu entledigen, das geistliches Wachstum hindert, und auf jede mögliche Art Frucht für Gott hervorzubringen.

Die Jünger waren moralisch und geistlich bereits gereinigt, weil der Meister sie im Wort Gottes unterrichtet hat.

In den Worten »Bleibt in mir, und ich in euch« stellt der erste Teil eine Aufforderung dar, der zweite die Feststellung einer Tatsache. Jeder Indikativ führt unweigerlich zu einem Imperativ. Ein Gläubiger kann ein christusähnliches Leben als Frucht genauso wenig hervorbringen, wie eine Rebe die Trauben getrennt vom Weinstock. In Ihm bleiben ist dasselbe wie gehorchen (Joh 15,10; 1Jo 3,24). Es schließt auch Abhängigkeit ein. Die Rebe ist im Hinblick auf ihr Leben und ihre Nahrung vom Weinstock abhängig. Wenn ein Gläubiger (Rebe) in enger Verbindung mit dem in ihm wohnenden Christus (Weinstock) lebt, trägt er viel Frucht. Beachte die Steigerung:

Viel Frucht

Mehr Frucht

Frucht

Keine Frucht

Getrennt vom lebendigen Weinstock kann eine menschliche Rebe *nichts* tun. Das gilt nicht nur für das Hervorbringen von Frucht, sondern auch für die Errettung.

Vers 6 ist der Lieblingsvers von denen, die ihn lesen um damit zu sagen: »Wer nicht in mir bleibt, wird von Gott hinausgeworfen und verdorrt, und Gott sammelt sie und wirft sie in das Feuer der Hölle und dort werden sie verbrannt.« Das aber hat der Herr Jesus nicht gesagt.

> Er sagte nicht, dass der Gläubige von Gott hinausgeworfen wird und verdorrt.
>
> Er sagte nicht, dass Gott sie einsammelt.
>
> Er sagte nicht, dass Er sie in die Hölle wirft.

Die Rebe, die nicht am Weinstock bleibt, ist ein Gläubiger, der nicht im Gehorsam dem Herrn gegenüber wandelt. Die Folge ist, dass er seine Glaubwürdigkeit und sein Zeugnis verliert. Er verliert seine Bestimmung als Rebe und er verdorrt, nicht Gott lässt ihn verdorren, sondern Menschen lehnen sein Zeugnis ab. Ungläubige haben für seine Behauptung, Christ zu sein, nur Verachtung und Hohn übrig. Sie sammeln seinen Namen, seinen Ruf und sein christliches Bekenntnis ein und werfen sie ins Feuer. Beachte, dass hier nirgends steht, dass *Gott* sie ins Feuer wirft. Aber Weltmenschen haben für einen, der Wasser predigt und Wein trinkt, nur Verachtung übrig. Zeugnis und Glaubwürdigkeit des Gläubigen sind verbrannt und er selbst ist wie Salz, das seine Kraft verloren hat (Mt 5,13), oder wie eine Gemeinde, deren Licht nicht mehr leuchtet (Offb 2,5).

Das Leben von David veranschaulicht dieses Bild. Er war ein wahrer Gläubiger, aber er ist nicht am Weinstock geblieben. Als Folge fiel er tief in Sünde und gab den Feinden des Herrn Grund zur Lästerung (siehe 2Sam 12,14). Seine Errettung hat er nicht verloren, wohl aber seinen guten Ruf, und er hatte an der Züchtigung des Herrn schwer zu tragen.

Ausharren im Glauben oder Bewahren des Heils?

Die Apostel ermahnten die Neubekehrten, eifrig im christlichen Leben oder beim Herrn zu verharren. Solche Schriftstellen scheinen auf Verlierbarkeit des Heils hinzuweisen, wenn wir übersehen, dass dies nicht unbedingt Warnungen sind, dass die Neubekehrten sonst völlig vom Herrn abfallen könnten. Zwei einfache Beispiele dieser Art finden sich in der Apostelgeschichte:

> *Und des Herrn Hand war mit ihnen, und eine große Zahl, die gläubig wurde, bekehrte sich zum Herrn. Es kam aber die Rede von ihnen zu den Ohren der Gemeinde in Jerusalem, und sie sandten Barnabas aus, dass er hindurchzöge bis nach Antiochia; der freute sich, als er hingekommen war und die Gnade Gottes sah, und ermahnte alle, mit Herzensentschluss bei dem Herrn zu verharren* (Apg 11,21–23).

Dieser Abschnitt, besonders Vers 23, ist eine von vielen Ermahnungen, die von Arminianern bei ihren Bemühungen benutzt werden, die Unverlierbarkeit des Heils zu widerlegen. Ihr Argument hört sich etwa so an: »Wir haben hier Paulus und Barnabas vor uns, die die Jünger ermahnen, am Herrn festzuhalten. Welchen Nutzen hätte eine solche Ermahnung, wenn es für die Jünger gar nicht möglich wäre, den Herrn zu verlassen und verloren zu gehen?« Das Argument ist nicht stichhaltig. Wenn wir junge Gläubige ermutigen, mit dem Herrn vorwärts zu gehen, warnen wir sie damit nicht vor dem Verlust des Heils. Wir reden ihnen zu, bei der einzigen Lebensart zu bleiben, die sich wirklich lohnt. Auch Paulus und Barnabas haben das getan. Wenn die Jünger sich an den Herrn halten, werden sie sich an einem überfließenden Leben freuen können und Befreiung finden von ihren Lasten und Schwierigkeiten. Das ist keine Frage der Errettung, sondern der Jüngerschaft.

> *Sie stärkten die Seelen der Jünger und ermahnten sie, im Glauben zu verharren, und sagten, dass wir durch viele Bedrängnisse in das Reich Gottes hineingehen müssen* (Apg 14,22).

Das Reich der Himmel hat verschiedene Formen: die vergangene, gegenwärtige und zukünftige Form. Die vergangene Form war, als Jesus auf Erden lebte; das Königreich war in der Person des Königs da (Mt 12,28; Lk 17,21). Gegenwärtig ist das Reich verborgen; der König ist abwesend, aber die Gläubigen erkennen Ihn an als ihren rechtmäßigen Herrscher. Zukünftig wird das Königreich sichtbar aufgerichtet werden; Christus wird auf Seinem Thron in Jerusalem sitzen und für 1000 Jahre regieren. Dieses Reich wird zum ewigen Reich im Himmel überleiten.

Es gibt nur eine Art, wie man zu einem wahren Bürger des Reiches werden kann, und das ist durch Wiedergeburt (Joh 3,3.5). Durch Erleiden von Trübsal wird man nicht errettet, aber auf unserem Weg zum zukünftigen Königreich haben wir Trübsal zu erwarten. Sie ist allen Gläubigen verheißen.

Der Judasbrief enthält eine ähnliche Ermahnung für seine Leser:

> *Ihr aber, Geliebte, erbaut euch auf eurem heiligsten Glauben, betet im Heiligen Geist, erhaltet euch in der Liebe Gottes, indem ihr die Barmherzigkeit unseres Herrn Jesus Christus erwartet zum ewigen Leben* (Jud 1,20–21).

Wenn Judas uns ermahnt, uns in der Liebe Gottes zu erhalten, sagt er damit nicht, dass wir damit unsere Errettung erhalten können oder sollen. Er spricht von der Gemeinschaft, nicht von der Beziehung. Wir erhalten uns in der Liebe, indem wir täglich Zeit mit dem Wort verbringen, im Heiligen Geist beten, die uns bekannten Sünden bekennen und lassen und in der Erwartung der Wiederkunft Christi leben.

Paulus, der sein Anliegen für das *Ausharren* der Thessalonicher in 1. Thessalonicher 3 zum Ausdruck bringt, wird manchmal missverstanden, wenn man meint, dass es ihm um die *Bewahrung* der Thessalonicher gehe.

> *Deshalb, da wir es nicht länger aushalten konnten, beschlossen wir, allein in Athen zurückzubleiben, und wir sandten Timotheus, unse-*

ren Bruder und Mitarbeiter Gottes in dem Evangelium des Christus, um euch zu stärken und zu trösten eures Glaubens wegen, dass niemand wankend werde in diesen Bedrängnissen. – Denn ihr selbst wisst, dass wir dazu bestimmt sind; denn auch als wir bei euch waren, sagten wir euch vorher, dass wir bedrängt sein würden, wie es auch geschehen ist und ihr wisst. – Darum, da auch ich es nicht länger aushalten konnte, sandte ich ihn, um euren Glauben zu erfahren, ob nicht etwa der Versucher euch versucht habe und unsere Arbeit vergeblich gewesen sei. Da jetzt aber Timotheus von euch zu uns gekommen ist und uns die gute Botschaft brachte von eurem Glauben und eurer Liebe, und dass ihr uns allezeit in gutem Andenken habt und sehr verlangt, uns zu sehen, wie auch wir euch: deswegen, Brüder, sind wir über euch bei all unserer Not und Bedrängnis getröstet worden durch euren Glauben; denn jetzt leben wir wieder auf, wenn ihr feststeht im Herrn (1Thess 3,1.8).

Wie kann diese Stelle die Lehre von der Verlierbarkeit des Heils belegen? Vertreter dieser Lehre benützen sie auf diese Art: »Paulus gibt seiner Besorgnis Ausdruck, ob die Thessalonicher im Herrn und im Glauben feststehen. Das deutet die Möglichkeit an, dass sie das nicht tun und so ewig verloren gehen.« Was sind die Tatsachen?

Die Thessalonicher hatten unter schwerer Verfolgung zu leiden, weil sie hingegebene Christen waren. Der Apostel hatte sie zum Herrn geführt, hatte sie im Glauben großgezogen und sie gewarnt, dass Verfolgung kommen würde. Er wollte nicht mit ansehen, wie sie in ihrer Not kapitulieren. Es hätte sein können, dass sich Mutlosigkeit und Verzweiflung breit macht. Deshalb sandte er Timotheus, um sie zu stärken und zu ermutigen. Timotheus hat die gute Nachricht zurückgebracht, dass ihr Glaube nicht ins Wanken geraten und ihre Liebe unvermindert geblieben war, besonders für Paulus und seine Mitarbeiter.

Es ging nicht um die Frage, ob sie ihren Glauben verlieren würden, sondern ob ihr Vertrauen und ihr Mut durch die Feuer der Verfolgung geschwächt worden ist.

Das großartige Kapitel 3 im Brief an die Philipper, in dem Paulus seinem Wunsch nach Wachstum und Erkenntnis Ausdruck gibt, wird manchmal so verstanden, als würde sogar er sich darüber Sorgen machen, dass er möglicherweise verloren gehen könnte:

Seht auf die Hunde, seht auf die bösen Arbeiter, seht auf die Zerschneidung! Denn wir sind die Beschneidung, die wir im Geist Gottes dienen und uns in Christus Jesus rühmen und nicht auf Fleisch vertrauen, obwohl auch ich Vertrauen auf Fleisch haben könnte. Wenn irgendein anderer meint, auf Fleisch vertrauen zu können – ich noch mehr: Beschnitten am achten Tag, vom Geschlecht Israel, vom Stamm Benjamin, Hebräer von Hebräern; dem Gesetz nach ein Pharisäer; dem Eifer nach ein Verfolger der Gemeinde; der Gerechtigkeit nach, die im Gesetz ist, untadelig geworden. Aber was auch immer mir Gewinn war, das habe ich um Christi willen für Verlust gehalten; ja wirklich, ich halte auch alles für Verlust um der unübertrefflichen Größe der Erkenntnis Christi Jesu, meines Herrn, willen, um dessentwillen ich alles eingebüßt habe und es für Dreck halte, damit ich Christus gewinne und in ihm gefunden werde – indem ich nicht meine Gerechtigkeit habe, die aus dem Gesetz ist, sondern die durch den Glauben an Christus, die Gerechtigkeit aus Gott aufgrund des Glaubens – um ihn und die Kraft seiner Auferstehung und die Gemeinschaft seiner Leiden zu erkennen, indem ich seinem Tod gleichgestaltet werde, ob ich irgendwie hingelangen möge zur Auferstehung aus den Toten. Nicht, dass ich es schon ergriffen habe oder schon vollendet bin; ich jage ihm aber nach, ob ich es auch ergreifen möge, weil ich auch von Christus Jesus ergriffen bin. Brüder, ich denke von mir selbst nicht, es ergriffen zu haben; eines aber tue ich: Ich vergesse, was dahinten, strecke mich aber aus nach dem, was vorn ist, und jage auf das Ziel zu, hin zu dem Kampfpreis der Berufung Gottes nach oben in Christus Jesus. So viele nun vollkommen sind, lasst uns darauf bedacht sein! Und wenn ihr in irgend etwas anders denkt, so wird euch Gott auch dies offenbaren. Doch wozu wir gelangt sind, zu dem lasst uns auch halten! Seid miteinander meine Nachahmer, Brüder, und seht auf die, welche so wandeln, wie ihr uns zum Vorbild habt! Denn viele wandeln, von denen ich euch oft gesagt habe, nun aber auch mit Weinen sage, dass sie die Feinde des Kreuzes Christi sind: deren Ende Verderben, deren Gott der Bauch und deren Ehre in ihrer Schande ist, die auf das Irdische sinnen. Denn unser

Bürgerrecht ist in den Himmeln, von woher wir auch den Herrn Jesus Christus als Retter erwarten, der unseren Leib der Niedrigkeit umgestalten wird zur Gleichgestalt mit seinem Leib der Herrlichkeit, nach der wirksamen Kraft, mit der er vermag, auch alle Dinge sich zu unterwerfen. Daher, meine geliebten und ersehnten Brüder, meine Freude und mein Siegeskranz, steht in dieser Weise fest im Herrn, Geliebte (Phil 3,2 – 4,1)!

Hier haben wir einen Abschnitt vor uns, von dem behauptet wird, dass er die Verlierbarkeit des Heils beweist. Wir wollen uns anschauen, ob das hier wirklich gesagt wird.

In den Versen 5 und 6 listet Paulus seine vorzüglichen Referenzen auf, wenn es um Abstammung, Rechtgläubigkeit, Charakter und Eifer im Dienst geht. Aber jetzt, wo er errettet ist, hält er alles, worauf er Grund hatte stolz zu sein, für Dreck, wenn er es mit dem Vorrecht vergleicht, Christus Jesus, seinen Herrn, zu kennen. Von nun an rühmt er sich in Christus zu sein – nicht durch seine eigene Gerechtigkeit, sondern nach der Gerechtigkeit, die er durch Glauben erhielt. Vers 9 kann nicht bedeuten, dass der Apostel darum ringt in Christus zu sein oder dass er hofft Gerechtigkeit zu erhalten. Es handelt sich um Fakten aus seinem Leben. Aber um durch den Glauben zu diesen unvergleichlichen Segnungen zu gelangen, war es kein großes Opfer, alles einzubüßen und alle Dinge für Verlust zu achten.

Nun gibt es für ihn nur noch ein großes Ziel – Christus erkennen, die Kraft Seiner Auferstehung, die Gemeinschaft Seiner Leiden, gleichgestaltet werden mit Seinem Tod und der Auferstehung aus den Toten.

Christus erkennen. Er kannte Ihn bereits, aber er hatte den Wunsch, Ihn tiefer zu kennen. Sein Gebet ist treffend in diesem Lied zum Ausdruck gebracht:

> Das höchste meines Lebens ist: Dich kennen, Herr.
> Das höchste meines Lebens ist: Dich lieben, Herr.
> Das höchste meines Lebens ist: Dir dienen, Herr.

Und die Kraft Seiner Auferstehung. Er wollte aus eigener Erfahrung etwas von der enormen Kraft kennen lernen, die den Herrn Jesus aus dem Grab auferstehen ließ. In Epheser 1,19–20 stapelt er Wort auf Wort, um das gewaltige Ausmaß dieser Kraft zu beschreiben.

Seinem Tod gleichgestaltet sein. Das kann bildhaft oder buchstäblich verstanden werden. Wenn man Ersteres annimmt, heißt das, dass Paulus im Dienst für den Herrn täglich stirbt (1Kor 15,31). Oder seine Aussage könnte sein: »Ist der Herr Jesus gestorben, um den Willen Gottes zu erfüllen? Dann möchte auch ich das tun.«

Manchmal sprach er von sich, als gehöre er zu denen, die in den Himmel kommen, ohne zu sterben (1Thess 4,17: »… danach werden wir, die Lebenden, die übrig bleiben, zugleich mit ihnen entrückt werden …«). An anderer Stelle schrieb er, als ob er durch den Tod hindurch in den Himmel gelangen würde (2Tim 4,6b: »… die Zeit meines Abscheidens steht bevor«).

Ob ich irgendwie hingelangen möge zur Auferstehung aus den Toten. Das kann wirklich nicht heißen, dass Paulus unsicher war, ob er bei der Entrückung auferstehen würde. Er hatte über diesen Tatbestand nicht den geringsten Zweifel (1Thess 4,17; 1Kor 15,51). Was er sagte, war: »Ich mach mir nichts daraus, welche Schwierigkeiten, Gefahren, Leiden und Verfolgungen auf meinem Weg zur Auferstehung liegen. Ich bin bereit, sie alle durchzustehen.«

Das Wort »Auferstehung« bezieht sich immer auf den Körper. Es ist der Körper, der stirbt, und es ist der Körper, der auferstehen wird. Hier handelt es sich um die Auferstehung *heraus aus denen*, die tot sind.[31] Das bezieht sich auf das Kommen Christi für Seine Heiligen. Nur die Gläubigen werden zu diesem Zeitpunkt auferstehen.

Der Kern von Paulus' Aussage hier ist: »Ist Jesus gestorben? Dann will auch ich sterben! Ist Jesus von den Toten auferstanden? Dann will auch ich auf diese Art auferstehen!« Es ist so, dass er den Wunsch hatte, sich so vollkommen mit dem Herrn zu identifizieren, dass er auf keinem bequemeren Weg in den Himmel gelangen wollte als dieser.

Im Vers 11 macht er den Philippern klar, dass sie nicht denken sollten, dass er schon geistlich vollkommen sei. Er war noch nicht am Ziel, aber er jagte danach, den Willen Gottes in seinem Leben umzusetzen. Wie ein Wettläufer gab er in seinem vom Dienst erfüllten Leben sein Bestes, nicht um sich die Errettung zu verdienen, sondern um einen Siegeskranz als Lohn zu erhalten. Er ermutigt alle Gläubigen, dem Beispiel seiner Motivation und Disziplin zu folgen.

Der Apostel verurteilt falsche Lehrer, die durch ihr gottloses, weltliches Benehmen zeigen, dass sie Feinde des Kreuzes Christi sind (Verse 18–19). In auffallendem Kontrast dazu sind wahre Gläubige Bürger des Reiches der Himmel, die auf das Kommen des Heilands warten und auf die Verherrlichung ihrer Leiber. Bis dieses großartige Ereignis eintrifft, sollen sie feststehen im Herrn und ihre Zuversicht durch nichts erschüttern lassen (4,1).

Wir wollen im Licht dieser Schriftstellen mehr und mehr »für den Herrn vorwärts gehen« und mit Herzensentschluss am Herrn verharren. Aber wir brauchen nicht unter der Last der Vorstellung zu leiden, dass wir uns selbst bewahren müssen. Diesen Teil der Aufgabe erledigt der Herr!

Gelegentlich oder aus Gewohnheit?

Das Neue Testament unterscheidet zwischen dem Begehen von Sünden und einem Leben in Sünde. Es kommt vor, dass ein Christ sündigt, aber er sündigt nicht aus Gewohnheit. Dieser Unterschied ist in 1. Johannes 3,4–9 und 5,18 herausgearbeitet, obwohl die meisten Übersetzungen es versäumen, den Unterschied durch die Verlaufsform des Zeitworts hervorzuheben.

> *Jeder, der die Sünde tut, tut auch die Gesetzlosigkeit, und die Sünde ist die Gesetzlosigkeit. Und ihr wisst, dass er geoffenbart worden ist, damit er die Sünden wegnehme; und Sünde ist nicht in ihm. Jeder, der in ihm bleibt, sündigt nicht; jeder, der sündigt, hat ihn nicht gesehen noch ihn erkannt. Kinder, niemand verführe euch! Wer die Gerechtigkeit tut, ist gerecht, wie er gerecht ist. Wer die Sünde tut, ist aus dem Teufel, denn der Teufel sündigt von Anfang an. Hierzu ist der Sohn Gottes geoffenbart worden, damit er die Werke des Teufels vernichte. Jeder, der aus Gott geboren ist, tut nicht Sünde, denn sein Same bleibt in ihm; und er kann nicht sündigen, weil er aus Gott geboren ist* (1Jo 3,4–9).

> *… Wir wissen, dass jeder, der aus Gott geboren ist, nicht sündigt; sondern der aus Gott Geborene bewahrt ihn, und der Böse tastet ihn nicht an* (1Jo 5,18).

Bevor wir uns mit diesen Versen beschäftigen, wollen wir uns einen Überblick verschaffen, was die Schrift über das Verhältnis des Gläubigen zur Sünde lehrt.

Erst einmal ist es der Wille Gottes, dass sein Volk nicht sündigt (1Jo 2,1). Er kann auch die kleinste Sünde weder entschuldigen, noch darüber hinwegsehen. Seine Heiligkeit fordert, dass seine Ablehnung der Sünde keine Ausnahmen zulässt. Er kann nicht sagen: »Meine lieben Kindlein, sündigt so wenig wie möglich.«

Die traurige Wahrheit ist aber, dass Christen *dennoch* sündigen. Jeder, der sagt, dass er keine Sünde hat, betrügt sich selbst und ignoriert die Tatsachen (1Jo 1,8). Wer behauptet, dass er nicht gesündigt hat, macht Gott zu einem Lügner und kennt das Wort Gottes nicht (1Jo 1,10). Christen, die behaupten, dass sie vollkommen sündlos sind, verstehen einfach nicht, was Sünde ist oder sie haben dem Wort eine völlig andere Bedeutung gegeben!

Obwohl es eine Tatsache ist, dass wir sündigen, dürfen wir nicht sagen, dass wir sündigen müssen. Das wird in der Bibel nicht gesagt. Die Kraft Gottes steht uns zur Verfügung. In Augenblicken der Versuchung können wir den Herrn anrufen, dass Er uns befreit. Er lässt uns nie im Stich (1Kor 10,13). Das Problem ist, dass wir uns nicht an Ihn wenden.

Wie wir gesehen haben, ist Gottes unveränderlicher Wille für uns: »Sündigt nicht.« Aber in Seiner Gnade hat Er für den Fall des Versagens Vorkehrungen getroffen.

> *… Und wenn jemand sündigt – wir haben einen Beistand bei dem Vater: Jesus Christus, den Gerechten. Und er ist die Sühnung für unsere Sünden, nicht allein aber für die unseren, sondern auch für die ganze Welt* (1Jo 2,1b–2).

»Wenn« drückt die Möglichkeit aus, aber Sünde ist nicht zwingend (vgl. andere Übersetzungen: »… sollte aber doch einer Schuld auf sich laden, …« [Hoffnung für alle]; »… und sündigt doch jemand …« [Albrecht]; »… wenn aber doch jemand sündigt …« [Bruns]). Sünde sollte eher die Ausnahme als die Regel sein. Beachte auch, dass wir im Fall einer Sünde einen Beistand bei dem Vater haben. Sogar wenn wir sündigen, ist Er immer noch unser Vater und wir sind noch immer Seine Kinder. Das ist ein überzeugender Beweis, dass Sünde unsere Beziehung nicht aufhebt.

Unser Fürsprecher ist Jesus Christus, der Gerechte. Seine Aufgabe ist es, die Gemeinschaft seines in Sünde gefallenen Heiligen mit dem Vater wiederherzustellen. Das ist gerecht, weil Er sich auf den Wert des Blutes berufen kann, das Er auf Golgatha vergossen hat. Er ist die Sühnung für unsere Sünden, das heißt, Sein stellvertretendes Opfer stellt jede Rechtsforderung Gottes zufrieden. Sein Werk *genügt* für die Sünden der ganzen Welt, aber *wirksam* wird es nur für diejenigen, die Ihn als Herrn und Heiland annehmen.

Es ist offensichtlich, dass ein Kind Gottes jede Sünde begehen kann, vor der ein wahrer Gläubiger ausdrücklich im Neuen Testament gewarnt wird. Es ist erschütternd, wie viele Gesichter das Böse haben kann. Und jede Sünde durchtrennt unsere Gemeinschaft mit Gott.

Die gute Nachricht ist jedoch: »Wenn wir aber unsere Sünden bekennen, so ist Er treu und gerecht, dass Er uns die Sünden vergibt und reinigt uns von aller Ungerechtigkeit« (1Jo 1,9). Das ist nicht der Weg, wie Ungläubige gerettet werden, sondern der Weg, wie Gläubige wiederhergestellt werden. Wenn ein Ungläubiger zum Glauben an den Herrn Jesus Christus kommt, erhält er *richterliche* Vergebung (Apg 16,31). Der Heilige erhält *väterliche* Vergebung, wenn er seine Sünde bekennt (offensichtlich mit der Absicht, sie auch zu lassen; siehe Sprüche 28,13). Richterliche Vergebung heißt, dass die Strafe für alle Sünden dieses Menschen von Christus am Kreuz bezahlt worden ist (»indem er uns alle Vergehungen vergeben hat«; Kol 2,13), und dass er jetzt und für immer frei ist von der Verdammnis (Röm 8,1). Väterliche Vergebung bedeutet, dass die ungetrübte Gemeinschaft in der Familie Gottes wiederhergestellt ist.

Nun kommen wir zum Unterschied zwischen einzelnen Handlungen und der Gewohnheit. Obwohl ein wahrer Christ Sünden begehen kann, wird er doch nicht von der Sünde beherrscht (Röm 6,14). Sein Leben wird nicht von Sünde geprägt. Sünde mag in seinem Leben gelegentlich vorkommen, sündigen gehört jedoch nicht zu seiner Gewohnheit. Die englische Übertragung »The Living Bible« drückt den Gedanken der fortgesetzten Gewohnheit gut aus:

»Aber die, welche weiterhin dauernd sündigen, sind gegen Gott, denn jede Sünde wird gegen Gottes Willen begangen. Und ihr wisst, dass er Mensch wurde, damit er unsere Sünden wegnehmen kann, und dass keine Sünde in Ihm ist, kein Abweichen von Gottes Willen, in keiner Weise, zu keiner Zeit. Wenn wir also nahe bei Ihm bleiben, Ihm gehorchen, sündigen wir auch nicht; aber die weiter in der Sünde leben, sollten erkennen: Sie sündigen, weil sie Ihn nie wirklich erkannt haben oder Sein Eigentum geworden sind. Liebe Kinder, lasst euch von niemand darüber verführen: Wenn ihr andauernd das Gute tut, so ist das, weil ihr gut seid, so wie er. Aber wenn ihr andauernd sündigt, so zeigt das, dass ihr zu Satan gehört, der immer weiter sündigt, seit er einmal damit angefangen hat. Aber der Sohn Gottes ist gekommen um diese Werke des Teufels zu zerstören. Wer in Gottes Familie geboren ist, lebt nicht in der Sünde, weil jetzt Gottes Leben in ihm wohnt. Deshalb kann er nicht weiter in der Sünde leben, weil dieses neue Leben in ihm gezeugt wurde und ihn bestimmt – er wurde von neuem geboren. Keiner, der ein Glied von Gottes Familie geworden ist, lebt weiter in der Sünde, denn Christus, Gottes Sohn, hält ihn sicher und der Teufel kann ihn nicht antasten« (1Jo 3,4–9; 5,18 nach der Living Bible).

Gardiner Spring erklärt:

»Also sündigen Kinder Gottes. Sie sündigen wissentlich. Sie sündigen freiwillig, aber gewohnheitsmäßig sündigen sie nicht. Es ist nicht die vorherrschende Gewohnheit ihres Lebens, den Befehlen des Herrn ungehorsam zu sein. Im Gegenteil ist es ihr Ziel, Ihm immer zu gehorchen und sie leben im Gehorsam; es ist ihre Gewohnheit. Wenn wir die Früchte der Gerechtigkeit bei jemand einschätzen, sollten wir deshalb Einzelfällen im Verhalten nicht zu großes Gewicht beimessen. Das Leben jedes guten Menschen ist befleckt mit Unvollkommenheit und Sünde und wenn wir keinen gutheißen, außer wenn wir die absolute Vollkommenheit gefunden haben, kommen alle zu kurz. Auf der anderen Seite gibt es kaum einen schlechten Menschen, dessen Verhalten nicht manchmal einen Anflug von echtem Gutsein zeigt. Wir können deshalb über gute Menschen nicht mehr sagen, als dass sie gewöhnlich gehorchen und dass ihr Verhalten als Ganzes gesehen klar und entschieden Beweise eines geheiligten Charakters erkennen lässt. Das trifft sicherlich auf jeden echten Christen zu.[32]

Das führt uns natürlich zu der Frage: »Ab wann sind es nicht nur Taten, sondern Gewohnheiten?« Die Bibel enthält sich in ihrer Weisheit einer Antwort. Wenn sie eine Definition gäbe, könnten manche Christen versucht sein, so nah wie möglich an die Kante zu kommen. Das Schweigen Gottes zu diesem Thema warnt sie, sich von dieser Kante so weit entfernt zu halten wie nur irgend möglich.

Manch ein Mensch mit übersensiblem Gemüt könnte besorgt sein wegen einer Sünde, über die er keinen Sieg hat, und denken, dass er eigentlich ein gewohnheitsmäßiger Sünder ist. Hier ist eine Möglichkeit, wie er das herausfinden kann. Wir wollen annehmen, dass er in einem Büro arbeitet. Die anderen Angestellten wissen, dass er anders ist. Er lacht nicht über schmutzige Witze, nimmt nicht an ihren Trinkgelagen teil und macht keine krummen Geschäfte. Aber eines Tages entschlüpft seinem Mund ein unrechtes Wort. Sofort schießen sie auf ihn und sagen: »Wir haben gedacht, du bist ein Christ!« Sie wissen, dass er von seinem Charakter her ein Gläubiger ist, aber das war eine Abweichung von seinem gewöhnlichen Verhalten.

Das wirkliche Problem sind diejenigen, die wie Christen reden und wie der Satan leben. Sie kennen alle richtigen Antworten, sie haben ein Bußgebet gesprochen und sich »bekehrt« und vielleicht sind sie sogar getauft worden. Aber ihr Leben unterscheidet sich in nichts von ihren ungläubigen Nachbarn. Wir haben guten Grund anzunehmen, dass sie nicht wiedergeboren worden sind, denn ihr Verhalten zeigt keinen Beweis ewigen Lebens. Es ist wertlos, wenn man behauptet Christ zu sein, und es nicht mit einem veränderten Leben zeigen kann.

Es ist möglich, dass ein Gläubiger in Sünde zurückfällt. Er kann sich ziemlich weit vom Herrn entfernen. Bis er seine Sünde bereut und bekennt, ist es gerechtfertigt, dass wir sein Bekenntnis anzweifeln. Wenn er ein wahres Kind Gottes ist, wird er Schuld und Schande empfinden und Gottes Zucht erleben. Er wird erkennen, dass er nicht ungeschoren davonkommt, wenn er sündigt, auch wenn er ewig gerettet ist. Gott wird ihn früher oder später züchtigen.

Wir müssen zur Kenntnis nehmen, dass wir trotz größter Bemühungen in manchen Fällen nicht herausfinden können, ob jemand nur vortäuscht ein Christ zu sein, oder ob er ein gefallener Christ ist. Nur Gott kann das wissen. »Der Herr kennt die Seinen« (2Tim 2,19). In der Zwischenzeit sollten diejenigen, die sich für Christen ausgeben, den Beweis dadurch erbringen, dass sie sich von Ungerechtigkeit fern halten.

Verbesserung oder Wiedergeburt

Wenn wir die Unverlierbarkeit des Gläubigen studieren, ist es notwendig, zwischen Verbesserung und Wiedergeburt zu unterscheiden. Unter *Verbesserung* verstehen wir einen neuen Versuch zu unternehmen; bei der *Wiedergeburt* bekommt man ein neues Leben. Ersteres kommt aus dem eigenen Willen, Letzteres ist eine Handlung, die Gott vollzieht. Verbesserung gibt dem Mann einen neuen Anzug, Wiedergeburt steckt einen neuen Menschen in den Anzug. Man könnte es mit dem Unterschied zwischen guten Vorsätzen zum neuen Jahr und einer neuen Geburt vergleichen.

Es gibt zwei klassische Beispiele für Besserung im Neuen Testament. Im ersten geht es um die Geschichte eines Mannes, von dem ein unreiner Geist ausfuhr (Mt 12,43–45; Lk 11,24–26). Als der Geist zurückkehrte, fand er das Haus leer, gekehrt und geschmückt. Also brachte er sieben weitere Geister mit und nahm das Haus mit dem Ergebnis in Besitz, dass der Mann schlimmer dran war als je zuvor.

Diese Stelle spricht vor allem vom Volk Israel (»dieses böse Geschlecht«; Mt 12,45). Die babylonische Gefangenschaft befreite das Volk vom Dienst an Götzenbildern. In diesem Sinn wurde das Haus gereinigt. Das Haus war unbewohnt gelassen worden; das Volk weigerte sich, den Messias einzulassen. Als Folge davon wird sich Israel einer noch schlimmeren Art des Götzendienstes schuldig machen, wenn es den Antichristen anbetet. Besserung hat nicht genügt. Ohne den Messias gibt es keine endgültige Befreiung vom Bösen.

Das zweite Beispiel für Verbesserung finden wir in 2. Petrus 2:

> *Denn sie führen geschwollene, nichtige Reden und locken mit fleischlichen Begierden durch Ausschweifungen diejenigen an, die kaum denen entflohen sind, die im Irrtum wandeln; sie versprechen ihnen Freiheit, während sie selbst Sklaven des Verderbens sind; denn von wem jemand überwältigt ist, dem ist er auch als Sklave unterworfen.*

Denn wenn sie den Befleckungen der Welt durch die Erkenntnis unseres Herrn und Heilandes Jesus Christus entflohen sind, aber wieder in diese verwickelt und überwältigt werden, so ist für sie das Letzte schlimmer geworden als das Erste. Denn es wäre ihnen besser, den Weg der Gerechtigkeit nicht erkannt zu haben, als sich, nachdem sie ihn erkannt haben, wieder abzuwenden von dem ihnen überlieferten heiligen Gebot. Es ist ihnen aber nach dem wahren Sprichwort ergangen: »Der Hund kehrt wieder um zu seinem eigenen Gespei« und die gewaschene Sau zum Wälzen im Kot (2Petr 2,18–22).

Diese Stelle spricht von Menschen, die in Sünde gelebt haben, dann aber entschlossen waren, in ihrem Leben aufzuräumen. Sie gehen also zum ansässigen Pfarrer und fragen ihn um Rat. Aber anstatt ihnen zu sagen, wie man von neuem geboren wird, sieht dieser falsche Lehrer über ihre Sünden hinweg, prahlt damit, dass er selbst in Sünde lebt und ermutigt sie, ihren natürlichen Neigungen ungeniert nachzugeben.

Sie haben gewusst, was richtig war, haben aber dieses Wissen abgelehnt mit dem Ergebnis, dass sie tiefer sinken als je zuvor in ein Leben der Schande und der Sünde. Sie sind wie ein Hund, der zu seinem Gespei zurückkehrt und wie eine Sau, die sich wieder im Kot wälzt. Sowohl der Hund als auch das Schwein waren im Alten Testament unreine Tiere. Ihre Natur ist unrein und auch ihr Verhalten ist unrein. Genauso war es mit diesen Leuten. Obwohl sie sich gebessert haben, erhielten sie niemals eine neue Natur. Der Hund blieb ein Hund und die Sau blieb weiterhin ein Schwein.

Was sündige Menschen brauchen, ist die Wiedergeburt. Der Heilige Geist vollbringt dieses wunderbare und geheimnisvolle Werk, wenn ein Sünder Buße tut und den Herrn Jesus als seinen Herrn und Heiland annimmt. In Titus 3,5 wird das mit einem Bad verglichen. Das Werkzeug, das der Heilige Geist bei der neuen Geburt benutzt, ist das Wort Gottes (1Petr 1,23).

Es handelt sich um eine *neue* Geburt (Joh 3,3.5). Der Mensch wird zu einem Kind Gottes (Joh 1,12–13). Wenn sich eine Geburt ereignet hat, ist die Auswirkung ewig. Nichts kann dieses Ereignis jemals rückgängig machen.[33] Ich bin als Sohn von William und Jessie MacDonald geboren worden. Es könnte sein, dass ich Schande über sie bringe, sie verleugne und mich in einem lächerlichen Gerichtsakt von ihnen lossage. Aber der Tatbestand bleibt: Ich bin noch immer ihr Sohn. Sie werden immer meine Eltern sein.

Um auf das Bild von Hund und Schwein zurückzukommen – diese unreinen Tiere sind nie zu Schafen geworden, d.h. zu reinen Tieren. Wenn jemand von neuem geboren wird, wird er ein Schaf Christi. Und aus diesem Grund wird er nicht verloren gehen (Joh 10,28). Diese Geburt kann nicht rückgängig gemacht werden.

Zwischen einem Namenschristen und einem wirklichen Christen ist ein Unterschied. Wenn jemand von neuem geboren ist, wird er eine neue Schöpfung in Christus Jesus. Er bekommt ein neues Leben, das Leben Christi. Da gibt es keine Frage. Der Herr Jesus bewirkt eine Veränderung, wenn Er kommt. Ein Mensch, dessen Leben unverändert bleibt, ist gar kein Christ. Ein Gläubiger hat eine neue Liebe, neue Beweggründe, neue Ziele und einen neuen Lebensstil. Wir wollen einiges von dem auflisten, was für ein Kind Gottes charakteristisch ist.

Er beruft sich nicht auf eigene Leistungen. Wenn du ihn fragst, ob er errettet ist, hat er die Antwort parat: »Ja, aber nur durch die Gnade Gottes.«

Er hat eine neue Liebe für Gott (1Jo 5,2). Vor seiner Bekehrung war er Gott feindlich gesinnt, oder Gott war ihm egal, oder er hat ihn toleriert oder auch gefürchtet. Jetzt aber nennt er ihn instinktiv »Vater« (Gal 4,6). Die Veränderung ist unverkennbar.

Er hat eine heilige Entschlossenheit zur Wiedergutmachung. Er will die Fehler der Vergangenheit in Ordnung bringen – Diebstahl, Lügen, Gesetzesbruch oder anderes (Lk 19,8).

Er hat einen inneren Drang, seinen Heiland vor Verwandten und Freunden zu bekennen (Röm 10,9). Er wird gedrängt, über den

Herrn Jesus zu reden, auch wenn er seiner Natur nach ein schüchterner Mensch sein mag. Im Gehorsam Christus gegenüber bekennt er Ihn durch die Taufe.

Das Gebet wird ein essenzieller Bestandteil seines Lebens, geradeso wie für einen Tiefseetaucher die Luftleitung (Gal 4,6; 1Jo 5,14–15; Apg 9,11). Auch ohne spezielle Unterweisung über dieses Thema erkennt er die Notwendigkeit des Gesprächs mit seinem Gott und Vater.

Auch die Bibel nimmt in seinem Leben einen Stellenwert ein, die sie nie zuvor gehabt hat. Was die Nahrung für seinen Körper ist, ist die Bibel für seine Seele (Ps 119,162; 1Petr 2,2). Er hört, wie die Stimme seines Vaters aus den Schriften zu ihm spricht und er wünscht sich nichts sehnlicher als gehorsam zu sein (1Jo 2,3–6.17; 5,2; Joh 14,15).

Bald entschließt er sich, *dass er den ganzen Kram seines alten Lebens loswerden will* (Apg 19,19). Vielleicht handelt es sich um Drogen, Pornos, fragwürdige Musik oder okkulte Ausrüstung – all das muss verschwinden.

Weil er den Herrn liebt, *möchte er ihm dienen.* Er ist durchdrungen von dem Wissen um die Barmherzigkeit Gottes, der Liebe Christi, er will die Zeit nützen und er scheut sich davor, sein Leben mit Belanglosem zu vergeuden.

Er hat eine neue Liebe für Christen (1Jo 3,11.14; 5,1). Bevor er den Herrn kennen gelernt hat, mag er auf Christen herabgeschaut und sie für Sonderlinge ohne Bezug zur Realität gehalten haben. Jetzt sind sie »Sein Volk«. »An den Heiligen, die auf Erden sind, an den Herrlichen ist all mein Wohlgefallen« (Ps 16,3).

Er hat eine neue Liebe für die verlorene Menschheit (Röm 1,14; Apg 4,20). Er beginnt, andere Leute als Menschen zu sehen, für die Christus gestorben ist, und sein Pflichtbewusstsein erwacht, sie für den Heiland zu gewinnen. Auch wenn sie wenig liebenswert sind, ja sogar wenn sie ihn tief hassen, ist er um ihr ewiges Schicksal besorgt.

Nirgends ist die Veränderung im Leben eines Neubekehrten offensichtlicher, als in seiner Beziehung zur Sünde. Obwohl er noch immer Sünden begeht, *ist er nicht länger ein Sklave der Sünde.* Die Sünde herrscht nicht über ihn (Röm 6,14). Er ist nicht sündlos, aber er sündigt weniger. Er ist befreit von dem Zwang, sündigen zu müssen (1Jo 5,18).

Jeder wahre Gläubige hat eine angeborene Liebe für Heiligkeit und einen angeborenen Hass für die Sünde (1Jo 3,8–9; Ps 97,10). Er kann nicht länger sündigen und sich dabei wohl fühlen. Wenn er sündigt, ist er schuldbewusster als je zuvor (Röm 7,14–25). Es wird ihm bewusst, dass er gegen die Gnade sündigt. Wenn er sündigt, bricht er nicht nur das Gesetz Gottes, er bricht das Herz Gottes. Und deshalb beeilt er sich, seine Sünde zu bekennen und die Vergebung des Vaters in Anspruch zu nehmen.

Im Lauf der Zeit werden weitere Beweise seines neuen Lebens sichtbar. Er übt Gerechtigkeit (1Jo 2,29; 1Jo 3,7.10). Sein Gewissen ist empfindlicher und will nicht mehr betrügen, lügen, stehlen. Die Frucht des Geistes zeigt sich – Liebe, Freude, Friede, Langmut, Freundlichkeit, Güte, Treue, Sanftmut, Enthaltsamkeit (Gal 5,22–23). Er bemüht sich gute Werke zu vollbringen, damit er der Lehre Gottes, seines Heilands, Ehre macht (Eph 2,10; Jak 2,14–26; Tit 2,7–10).

Mehr und mehr erkennt er, dass die Welt ein Gegenspieler von Christus und christlichen Werten ist (Joh 15,18). Bei weltlichen Festen oder Treffen, in denen der Name Christi ausgeschlossen bleibt, fühlt er sich nicht mehr zu Hause. Er ist zwar *in der Welt* als ein Bote Christi, aber er ist nicht *von der Welt* mit ihren Begierden und ihrem Hochmut (Joh 17,16). Er sondert sich von der Welt ab und zu Gott hin (1Jo 2,15–17).

Eines der Kennzeichen des neuen Lebens eines neugeborenen Kindes Gottes ist, dass er bemerkt, dass *er sich nicht mehr vor dem Tod fürchtet.* Es kann sein, dass der Gedanke an einen schmerzhaften Tod ihn nicht gerade begeistert, aber der Tod selbst hat für ihn seinen Schrecken verloren.

Es könnte sein, dass jemand diesen Abschnitt liest und denkt, dass es eine schwere Last ist, die da auf die Schultern eines Neubekehrten gelegt wird. Er missversteht jedoch die Hauptsache. Hier wurde die Art beschrieben, wie das Leben Christi sich in einem Menschen offenbart, der sich aus ganzem Herzen bekehrt hat. Er bringt diese Dinge nicht aus eigener Kraft hervor. Das wäre in der Tat zu schwierig. Der Heilige Geist befähigt ihn. Es stimmt, dass auch die eigene Bereitschaft eines Menschen eine Rolle spielt, ist aber zweitrangig. Der in uns wohnende Christus ist die Kraft, die alles in Bewegung setzt.

Bedingung oder Erkennungszeichen?

Einige der Bedingungssätze (Wenn-Sätze) im Neuen Testament sind Wasser auf den Mühlen derer, die Verlierbarkeit des Heils lehren. Sie zitieren diese Sätze, als ob sie ein unanfechtbarer Beweis dafür wären, dass unsere endgültige Rettung davon abhängt, dass wir überwinden, fest stehen, den Glauben bewahren oder am Glauben fest halten.

Sie vergessen, dass diese Wenn-Sätze eher ein Erkennungszeichen oder Kriterium eines erretteten Menschen sind, als eine Bedingung, um die Errettung zu erlangen. Sie beschreiben die Wesenszüge von allen, die wiedergeboren worden sind. Wir wollen uns im Besonderen zwei Stellen anschauen.

> *Ich tue euch aber, Brüder, das Evangelium kund, das ich euch verkündigt habe, das ihr auch angenommen habt, in dem ihr auch steht, durch das ihr auch errettet werdet, wenn ihr festhaltet, mit welcher Rede ich es euch verkündigt habe, es sei denn, dass ihr vergeblich zum Glauben gekommen seid* (1Kor 15,1–2).

Die Korinther waren wirklich gerettet, wenn sie am Evangelium, das Paulus ihnen gepredigt hatte, festhielten – ein Evangelium, das die Auferstehung mit einschloss. Andernfalls wären sie vergeblich zum Glauben gekommen.

Warum aber sagte er das zu Leuten, die schon Christen waren? Er sagte das, weil es in der Gemeinde Menschen gab, bei denen es fraglich war, ob sie errettet waren. Einige von ihnen gingen sogar so weit, die Auferstehung Christi zu leugnen. An sie war die Aussage gerichtet: »Ihr seid errettet, indem ihr an das wahre Evangelium glaubt; wenn ihr aber wirklich errettet seid, werdet ihr das zeigen, indem ihr das Wort festhaltet, das ich euch gepredigt habe.« Festhalten ist die Frucht des neuen Lebens und nicht das Mittel, um es zu behalten. Es gibt nur ein wahres Evangelium (Verse 2–4). An eine andere Art von Errettung zu glauben, ist ein vergeblicher Glaube. Wenn du die Auferstehung weglässt, wie das einige machen, dann ist dein Glaube vergeblich und du bist noch in deinen Sünden (Vers 17).

Es kann gar nicht genug darauf hingewiesen werden, dass man in dem Augenblick, in welchem man die endgültige Rettung auch nur teilweise von einer Leistung abhängig macht, die Errettung aus Gnade leugnet. Gnade ist ein Geschenk, keine Schuldigkeit. Gnade ist ein bedingungsloser Bund, der davon spricht, was Gott tun wird, nicht davon, was du tun musst.

Wenn Gott nicht das ganze Werk der Errettung ausführt, könnten wir nie sicher sein, in den Himmel zu kommen, denn in uns selbst sind wir schwach, sündig und unwürdig. Nicht einmal wenn Gott uns an die Himmelstür bringen, und uns sagen würde, dass wir die Schwelle durch unsere eigene Kraft oder Verdienste überschreiten sollen, würden wir das schaffen.

Wenn (richtig) argumentiert wird, dass das Verb »errettet« in Vers 2 in der Verlaufsform steht und bedeuten kann »gerade errettet werdet«, ändert das nichts an der Schlussfolgerung.

Wie bereits erwähnt, hat die Errettung drei Aspekte: die vergangene, gegenwärtige und zukünftige Errettung. Wir *sind errettet worden* von der Strafe der Sünde. Wir *werden jetzt errettet* von der Kraft der Sünde. Wir *werden errettet werden* von der Gegenwart der Sünde. Die erste Stufe steht für die Rechtfertigung, die zweite für Heiligung und die dritte für Verherrlichung.

Paulus sagt den Korinthern, dass ihr Glaube vergeblich gewesen ist, wenn die Botschaft, an die sie geglaubt haben und noch glauben, die Auferstehung Christi nicht einschließt. Es ist aber unmöglich, vergeblich an das wahre Evangelium zu glauben.

Manche Befürworter der Verlierbarkeit des Heils halten nach Römer 8,17 Leiden in diesem Leben für eine Bedingung um die Errettung zu behalten.

> *Wenn aber Kinder, so auch Erben, Erben Gottes und Miterben Christi, wenn wir wirklich mitleiden, damit wir auch mit verherrlicht werden.*

In Römer 8 ist das Verhältnis zum Heiligen Geist das Unterscheidungsmerkmal von Gläubigen und Ungläubigen. Paulus stellt *nicht* geistliche und ungeistliche Glieder des Leibes Christi gegenüber. Man sieht das aus der folgenden Tabelle:

	Ungläubige	**Gläubige**
Vers 5	Die nach dem Fleisch sind	Die nach dem Geist wandeln
Vers 6	Die eine Gesinnung des Fleisches haben	Die eine Gesinnung des Geistes haben
Vers 8–9	Die im Fleisch sind	Die im Geist sind
Vers 13	Die nach dem Fleisch leben	Die nach dem Geist die Handlungen des Leibes töten
Vers 14		Die durch den Geist Gottes geleitet werden
Vers 15	Die einen Geist der Knechtschaft zur Furcht empfangen haben	Die einen Geist der Sohnschaft empfangen haben
Vers 17		Kinder Gottes, Erben Gottes, Miterben Christi

Wenn der Apostel in Vers 17 sagt: »… wenn wir wirklich mitleiden, damit wir auch mit verherrlicht werden«, beschreibt er nicht einen elitären Kreis von Christen, sondern alle Kinder Gottes. Zwei Dinge sind allen sicher – Leiden und Herrlichkeit. Alle, die gerechtfertigt sind, werden verherrlicht (Röm 8,30c), aber Leiden kommt vor der Herrlichkeit. Im folgenden Vers erinnert er uns daran, dass jeder leidet; die ganze Schöpfung »seufzt und liegt in Geburtswehen bis jetzt«. »Wir ... die wir die Erstlinge des Geistes haben, ... seufzen in uns selbst.« Alle Kinder Gottes leiden.

Ein weiterer Bedingungssatz, der von Arminianern verwendet wird, ist Kolosser 1,23:

> *... sofern ihr im Glauben gegründet und fest bleibt und euch nicht abbringen lasst von der Hoffnung des Evangeliums, das ihr gehört habt, das in der ganzen Schöpfung unter dem Himmel gepredigt worden ist, dessen Diener ich, Paulus, geworden bin.*

Hier konzentriert sich die Frage auf die Worte »sofern ihr im Glauben gegründet und fest bleibt ...« Heißt das, dass unsere endgültige Errettung davon abhängt, dass wir den Glauben festhalten und uns von der Hoffnung des Evangeliums nicht abbringen lassen? Oder ist hier der Gedanke, dass wir die Echtheit unseres Glaubens durch diese Art von Leben demonstrieren.

Wenn wir die erste Erklärung annehmen, heißt das, dass wir unsere Errettung durch unser eigenes Verhalten verdienen oder verlieren können. Das Evangelium der Gnade sagt jedoch etwas anderes. Wir können die Errettung durch keinerlei Leistung erringen. Christus hat durch Sein vollbrachtes Werk am Kreuz eine vollkommene, bedingungslose und ewige Errettung bewirkt. Wir werden nicht gerettet, weil wir es verdient haben, sondern obwohl wir es nicht verdient haben.

Die zweite Erklärung ist richtig. Ein wahres Kind Gottes hält am Glauben fest, nicht um den Verlust der Errettung zu verhindern, sondern als Frucht des neuen Lebens. Das ist kein Werk, womit man die Rettung verdient, sondern die Auswirkung des Lebens Christi in ihm. Es ist ein Erkennungszeichen seines Glaubens, keine Bedingung. Dieser Abschnitt hat also eine Botschaft für Namenschristen und für echte Gläubige. Erstere lässt er innehalten und macht ihnen klar, dass sie das Werk der Gnade brauchen. Und wahre Kinder Gottes ermutigt er, weiterzumachen um den Preis zu erringen. Arthur Pridham sagt treffend:

»Der Leser wird beim sorgfältigen Studium des Wortes Gottes bemerken, dass der Heilige Geist die Gewohnheit hat, Darstellungen von umfassender und vollständiger Gnade mit Warnungen einhergehen zu lassen, welche die verheerenden Auswirkungen für diejenigen ankündigen, die nur dem Namen nach glauben. Warnungen, die in den Ohren von Leuten mit leerem Bekenntnis gellen, werden von gottesfürchtigen Seelen willig als Medizin geschluckt. Die Absicht all dieser Belehrungen ist es, echten Glauben zu stärken und die Leute, die sich mit einem äußeren Bekenntnis in Sicherheit wiegen, vor der Verdammnis zu warnen.«[34]

Oder, wie jemand es ausgedrückt hat: »Diese Wenn-Sätze in der Bibel durchforschen bekennende Christen und haben eine heilsame Wirkung für die Seele.«

Zeitliche Befreiung oder ewige Errettung?

Diejenigen, die die ewige Sicherheit des Heils widerlegen wollen, übersehen manchmal, dass das Wort Rettung oder Heil und verwandte Ausdrücke verschiedene Bedeutungen haben.

Erretten beschreibt das Werk Christi, mit dem Er Menschen von ihren Sünden rettet. In diesem Fall befreit Er sie von der ewigen Verdammnis. Dieser Aspekt der Errettung ist uns am meisten vertraut und wir sind geneigt, diese Bedeutung jedesmal hineinzuinterpretieren, wenn uns dieses Wort begegnet.

Aber Errettung (Heil) kann auch bedeuten: aus dem Gefängnis entlassen werden (Phil 1,19), vor dem Ertrinken bewahrt werden (Apg 27,30–31), aus Gefahr befreit werden (Mt 8,25) und von Krankheit geheilt werden (Mt 9,22) – kurz, Errettung aus nahezu jeder misslichen Situation im Leben.

Eine andere wichtige Bedeutung des Wortes *erretten* ist Bewahrung vor geistlichem Schaden im Leben. Nehmen wir zum Beispiel 1. Timotheus 4,16:

> *Habe Acht auf dich selbst und auf die Lehre; beharre in diesen Dingen! Denn wenn du dies tust, so wirst du sowohl dich selbst erretten als auch die, die dich hören.*

Es sollte von vornherein klar sein, dass es sich hier nicht um die ewige Errettung der Seele handeln kann. Timotheus war nicht in der Lage, sich selbst vom Zorn Gottes zu retten und selbstverständlich konnte er auch andere nicht retten. Aber wenn er auf sich Acht gab und beharrlich an der gesunden Lehre festhielt, konnte er geistlichen Irrtümern vorbeugen und diejenigen vor Fehlern und moralischen Fehltritten bewahren, denen er diente.

Ein weiteres Beispiel für einen Gebrauch des Wortes in dieser Weise ist Jakobus 1,21:

> *Deshalb legt ab alle Unsauberkeit und das Übermaß der Schlechtig-*

keit, und nehmt das eingepflanzte Wort mit Sanftmut auf, das eure Seelen zu erretten vermag!

Jakobus schreibt an Gläubige. Er sagt ihnen hier nicht, wie man vor der Hölle errettet werden kann. Das sind sie schon. Aber er ermahnt sie, sich den Lebensstil anzueignen, der sie in der Zeit nach ihrer Bekehrung charakterisieren sollte. Und er bittet sie inständig, dem Wort Gottes zu gehorchen, weil sie dadurch vor unzähligen Schwierigkeiten bewahrt werden.

Natürlich stimmt es, dass Gott Sein Wort benutzt, um die Errettung unserer Seelen vor der ewigen Verdammnis zu bewirken, aber darum geht es hier nicht. Jakobus spricht hier über Heiligung, nicht über Wiedergeburt. Es geht hier um die Gegenwartsform der Errettung, das ist Befreiung von der Macht der Sünde im Leben eines Gläubigen. Ein Mensch, der in Abhängigkeit von Gottes Wort bleibt, wird vor den unvermeidbaren Folgen gerettet, die es hat, wenn er nicht in Gemeinschaft mit dem Herrn lebt.

Der Ausdruck »errettet unsere Seelen« hat nirgends die Bedeutung der Errettung vor der Hölle. Vielmehr steht der Gedanke im Hintergrund, uns davor zu bewahren, dass wir unser Leben vergeuden oder verschwenden.

Das ist auch der Sinn von Jakobus 5,19–20

Meine Brüder, wenn jemand unter euch von der Wahrheit abirrt und jemand ihn zurückführt, so wisst, dass der, welcher einen Sünder von der Verirrung seines Weges zurückführt, dessen Seele vom Tode erretten und eine Menge von Sünden bedecken wird.

Hier haben wir das Beispiel eines Gefallenen, eines Menschen, der von der Wahrheit abgewichen ist. Er wandelt nicht mehr mit dem Herrn. Er ist von dem für ihn vorgezeichneten Weg abgeirrt. Ein Bruder oder eine Schwester aus der Gemeinde setzt sich mit ihm in Verbindung, um ihn zurechtzubringen und ist dabei erfolgreich, ihn von seinem falschen Weg zurückzuholen.

Das hat zwei dramatische Folgen. Erstens – der Hirte rettet eine Seele vom Tod. Hier wird, wie so oft im jüdischen Sprachgebrauch, *Seele* als Synonym für Mensch verwendet. Wie aber rettet er einen Menschen vom Tod? Ewiger Tod kann nicht gemeint sein, denn Errettung vom ewigen Tod erlangt man nur durch Bekehrung zu Gott und Glauben an den Herrn Jesus Christus. Das Evangelium wird hier nicht erwähnt. Wie geht es dann zu, dass er den in Sünde gefallenen Heiligen vom Tod errettet? Er holt ihn von seinem falschen Weg zurück. Wenn Jakobus ewige Errettung gemeint hätte, dann wäre das Errettung durch eigene Besserung, was dem Evangelium der Gnade völlig widersprechen würde.

Die Frage bleibt jedoch: »Was ist mit *Tod* gemeint?« Es ist der lebendige Tod, ein Dasein in Kummer, Schuld und Ruhelosigkeit, das Gefallene führen. David gibt in Psalm 32 eine lebhafte Beschreibung dieses Zustandes.

> *Als ich schwieg, zerfielen meine Gebeine durch mein Gestöhn den ganzen Tag. Denn Tag und Nacht lastete auf mir deine Hand; verwandelt wurde mein Saft in Sommergluten* (Ps 32,3–4).

Natürlich kann sich *Tod* in dieser Passage auch auf das Gericht Gottes an einem Gläubigen beziehen, der in Sünde verharrt, ohne sie zu bekennen (1Kor 11,30). Es ist die Ausnahme, wenn Gott das tut, wogegen die obige Erklärung die unausweichliche Folge beschreibt.

Eine ähnliche Bedeutung von *Heil* oder *Errettung* beschäftigt sich mit der Lösung von Problemen im Leben. Nehmen wir als Beispiel Philipper 2,12:

> *Daher, meine Geliebten, wie ihr allezeit gehorsam gewesen seid, nicht nur wie in meiner Gegenwart, sondern jetzt noch viel mehr in meiner Abwesenheit, bewirkt euer Heil mit Furcht und Zittern …*

Es gibt in diesem Kapitel einen deutlichen Gedankenfluss, und um Vers 12 verstehen zu können, müssen wir die Spur zurückverfolgen:

Es gab in der Versammlung in Philippi ein Problem; einige Gläubige sind nicht miteinander ausgekommen (Verse 1–2, siehe auch 4,2).

Um diesem Problem beizukommen, ist es notwendig, an die anderen zu denken, nicht an sich selbst: Achte andere höher als dich selbst (Vers 3b); sieh auf die Interessen anderer (Vers 4b). *Andere* ist das Schlüsselwort.

Der Herr Jesus ist das beste Beispiel für jemanden, der für andere gelebt hat; wir sollten Seinem Vorbild nacheifern (Vers 5). Er hat sich selbst so sehr erniedrigt, dass Er für andere am Kreuz gestorben ist (Verse 6–8).

Gott hat Ihn mit einem Namen geehrt, der über jedem Namen ist und mit der Verheißung der uneingeschränkten Herrschaft (Verse 9–11).

An dieser Stelle sagt Paulus: »Daher, meine Geliebten, ... bewirkt euer Heil mit Furcht und Zittern« (Vers 12). Mit anderen Worten: »Ich habe euer Problem diagnostiziert. Ich habe euch die Lösung gezeigt. Und nun geht dran, an der Lösung eures Problems zu arbeiten, und zwar mit der gebotenen Furcht, dass ihr sonst dem Herrn missfallt.« In diesem Vers hat Heil die Bedeutung von zeitlicher Befreiung von einem Problem der Uneinigkeit in der Gemeinde. Mit Errettung eines Menschen vor dem ewigen Tod hat es nichts zu tun.

Ich gebe zu, dass das nicht die gebräuchlichste Auslegung dieses Verses ist. Normalerweise erklären Christen seine Bedeutung so: Wenn Gott dich rettet, legt er ewiges Leben in dich hinein, aber dann musst du es in einem Leben der praktischen Heiligung bewirken. Es scheint mir aber, dass dadurch ein Gedanke hereinkommt, der nicht zum Zusammenhang passt. Der Apostel hat nicht von der ewigen Errettung der Seelen gesprochen. Außerdem wird das Wort für »bewirken« in der ursprünglichen Sprache des Neuen Testamentes wohl kaum mit dieser Bedeutung »Ausarbeitung der Heiligung« verwendet. Es bedeutet immer »wirken, um etwas zu erreichen«.

Das wirft die Frage auf: »Was veranlasst Befürworter der Verlierbarkeit des Heils, ihre Sache mit Philipper 2,12 zu untermauern?« Einer der führenden Vertreter erklärt das auf diese Art: »Der Befehl 'bewirkt euer Heil' zeigt, dass der Mensch für seine Errettung Verantwortung trägt.« Es ist nicht Gott allein, der hier die Initiative ergreifen muss. So vermutet man, dass der Mensch seine Errettung verlieren kann, wenn er nicht seinen Teil beiträgt.

An diesem Beispiel sehen wir, was geschieht, wenn wir es versäumen, zwischen zeitlicher Befreiung und ewiger Errettung zu unterscheiden.

Ein weiters Beispiel findet sich in 1. Timotheus 2,15:

> *Sie wird aber durch das Kindergebären hindurch gerettet werden, wenn sie bleiben in Glauben und Liebe und Heiligkeit mit Sittsamkeit.*

Wir sollten gleich zu Beginn erwähnen, dass es in christlichen Kreisen einige unterschiedliche Auslegungen dieses Verses gibt.

Einige sehen in dem Vers die Verheißung einer sicheren Geburt, wenn die Eltern so leben, wie Gläubige leben sollten. Die Schwierigkeit bei dieser Sicht ist, dass es viele gottesfürchtige Frauen gegeben hat, die Fehl- oder Totgeburten gehabt haben, und viele Mütter sind – besonders in der Vergangenheit – bei einer Geburt gestorben.

Manche bringen diesen Vers mit der Geburt des Herrn Jesus, unseres Heilands, in Verbindung. Weil aber *alle* Gläubigen durch Ihn errettet sind, ist es nicht schlüssig, warum Mütter hier besonders herausgehoben werden sollen.

Andere nehmen an, dass eine Frau von der Verderbtheit der Gesellschaft bewahrt wird, wenn sie Mutter und Hausfrau ist. In dieser Aussage gibt es einen wahren Kern.

Um zu einer anderen Auslegung zu gelangen, nehmen wir wiederum den Kontext zu Hilfe. Paulus gibt Anweisungen über öffentliche Anbetung. Das Gebet in den Versammlungen gehört zum Dienst der Männer. Frauen werden aufgefordert, sich geziemend zu kleiden, Männer nicht zu unterweisen, keine Autorität über einen Mann auszuüben und in aller Stille zu lernen. Um zu zeigen, dass es sich um keine kulturell bedingten Anordnungen handelt, geht Paulus zurück zur Reihenfolge der Schöpfung – Adam zuerst, dann Eva. Und er geht zurück auf die Leiterschaft des Mannes. Eva hat dagegen verstoßen, indem sie versäumt hat, ihren Mann zu Rate zu ziehen. Sie wurde betrogen und brachte unbeschreibliche Folgen dieser Sünde in die Welt.

All das könnte den Eindruck erwecken, dass die Frau als Unperson abgestempelt ist. In der Gemeinde hat sie keine anerkannte Stellung. Nicht so, sagt der Apostel. Sie ist privilegiert, Gott wohlgefälligen Nachkommen für die Zukunft der Gemeinde großzuziehen. Wer kann behaupten, dass diese Rolle nicht wichtiger ist, als die der Männer? Stimmt es nicht, dass die Hand an der Wiege auch die Welt regiert?

So könnte der Vers über die Errettung der Frau durch das Kindergebären hindurch ein klares Wort über die *Errettung ihrer Stellung in der Gemeinde* sprechen. Die Rolle der Mutterschaft bewahrt sie vor dem Denken, dass sie bedeutungslos sei. Sie ist von *entscheidender* Wichtigkeit!

Es ist aber eine Bedingung hinzugefügt: »… wenn sie (die Mütter) bleiben in Glauben und Liebe und Heiligkeit mit Sittsamkeit.« Ihre Fähigkeit, gottesfürchtige Kinder und geistliche Leiter für die Gemeinde zu erziehen, hängt zum großen Teil davon ab, ob sie auch ein Vorbild ist.

Es sollte klar sein, dass dieser Bedingungssatz mit ewiger Errettung nichts zu tun hat. Eher hat er damit zu tun, sich von der Vorstellung zu befreien, dass Frauen ohne bedeutende Rolle in der Gemeinde hinten angestellt sind. Darüber hinaus ist die Vorstellung absurd, dass man durch das Gebären von Kindern ewige Errettung erlangt, das steht im Gegensatz zu Errettung aus Gnade durch Glauben, unabhängig von Werken.

Buchstäblicher Tod oder bildlicher Tod?

Wenn wir die unterschiedlichen Arten von Tod im Neuen Testament auseinander halten können, wird uns das helfen, Verse zu verstehen, die anscheinend die Verlierbarkeit des Heils stützen.

Zuerst einmal gibt es den *körperlichen Tod*, die Trennung von Geist und Körper. Jakobus sagt, dass der Leib ohne Geist tot ist (Jak 2,26). Hier bezieht sich der Tod auf den Körper, nicht auf den Geist. Der Geist ist unsterblich.

Dann gibt es den *geistlichen Tod*. Unerrettete Menschen sind tot in ihren Übertretungen und Sünden (Eph 2,1.5). Das heißt nicht, dass ihr Geist tot ist. Es heißt, dass sie tot sind in dem Sinn, dass sie von Gott getrennt sind.

Der ewige Tod wird auch *der zweite Tod* genannt (Offb 20,14). Das ist der Feuersee, das Schicksal aller Ungläubigen.

Tod kann auch als Bild verwendet werden, um jemanden zu beschreiben, der in Sünde fällt. Dadurch wird ein Gläubiger kalt. Er ist in geistlicher Sicht gleichgültig, geistliche Aktivitäten fehlen.

Das traf auf die Heiligen der Gemeinde in Sardes zu. Der Herr sagte zu ihnen: »Ich kenne deine Werke, dass du den Namen hast, dass du lebst und bist tot« (Offb 3,1). Sie waren physisch und geistlich am Leben, aber im Hinblick auf ihre Werke waren sie tot. Beachte: »Ich kenne deine Werke … du bist tot.« Und noch einmal in Vers 2 : »… ich habe deine Werke vor Gott nicht als völlig befunden.«

Ähnlich wird das Wort *Tod* in 1. Timotheus 5,3–6 verwendet.

> *Ehre die Witwen, die wirklich Witwen sind! Wenn aber eine Witwe Kinder oder Enkel hat, so mögen sie zuerst lernen, dem eigenen Haus gegenüber gottesfürchtig zu sein und Empfangenes den Eltern zu vergelten; denn dies ist angenehm vor Gott. Die aber wirklich Witwe und vereinsamt ist, hofft auf Gott und verharrt in Flehen und Gebeten Nacht und Tag. Die aber in Üppigkeit lebt, ist lebendig tot.*

Es könnte natürlich sein, dass die Witwe von Vers 6 nur dem Namen nach Christin ist. Aber das muss nicht sein. Paulus stellt sie einer Witwe gegenüber, die Gott vertraut und Nacht und Tag in Gebeten und Flehen verharrt. Die Witwe von Vers 6 ist für diese Art von Leben tot. Sie lebt in den Freuden der Welt. Vielleicht gleicht sie den Witwen in Vers 11: »Die jüngeren Witwen aber weise zurück! Denn da werden leicht die sinnlichen Triebe lebendig, Christus tritt in ihrem Leben zurück. Sie haben nur Heiratsgedanken im Sinn …« (Bruns). In ihrer fixen Idee, einen Ehemann zu finden, vergisst sie ihre Haushaltspflichten, vernachlässigt die Bibel und das Gebet, ist ständig unterwegs und mischt sich überall ein. Dem äußeren Anschein nach ist sie tot für ihren früheren Glauben.

Verlust der Belohnung oder Erlösung?

Gott hat in Seinem wunderbaren Erlösungsplan eine Verbindung geschaffen zwischen

Glaube & Erlösung
Werke & Belohnung.

Die Belohnung wird verdient. Die Erlösung nicht.

Vertreter der Verlierbarkeit des Heils ziehen falsche Schlussfolgerungen, weil sie diesen Unterschied vergessen. Zum Beispiel versuchen sie mit 1. Korinther 9,24–27 zu beweisen, dass Paulus verwerflich[35] werden könnte und sich so für den Himmel disqualifizieren würde:

> *Wisst ihr nicht, dass die, welche in der Rennbahn laufen, zwar alle laufen, aber einer den Preis empfängt? Lauft so, dass ihr ihn erlangt! Jeder aber, der kämpft, ist enthaltsam in allem; jene freilich, damit sie einen vergänglichen Siegeskranz empfangen, wir aber einen unvergänglichen. Ich laufe nun so, nicht wie ins Ungewisse; ich kämpfe so, nicht wie einer, der in die Luft schlägt; sondern ich zerschlage meinen Leib und knechte ihn, damit ich nicht, nachdem ich anderen gepredigt, selbst verwerflich werde.*

Beachte, dass der Apostel vom »Preis« und »Siegeskranz« spricht (Vers 25). Das macht deutlich, dass es im Zusammenhang um Dienst und Lohn geht. Paulus läuft in seinem Leben des Dienstes mit Zielstrebigkeit, Konzentration und Disziplin, damit er einen unvergänglichen Siegeskranz gewinnen wird. Es ist ihm klar, dass er sich vom Dienst disqualifizieren und untauglich werden könnte, wenn er nicht sein Bestes gibt. Seine Untauglichkeit für den Himmel kann er nicht meinen, denn die Tauglichkeit für den Himmel ist in Christus begründet und nicht im Gläubigen selbst. In Christus sind wir angenommen (Eph 1,6), in Ihm sind wir vollkommen gemacht (Kol 2,10). Aber es kann sein, dass wir, was den Dienst angeht, aus dem Rennen ausscheiden und an die Seitenlinien verbannt werden, wenn wir die Trainingsvorschriften und Wettkampfregeln nicht beachten.

Eine zweite Bibelstelle, die verwendet wird, um die Verlierbarkeit des Heils zu untermauern, ist Galater 6,7–9:

> *Irrt euch nicht, Gott lässt sich nicht verspotten! Denn was ein Mensch sät, das wird er auch ernten. Denn wer auf sein Fleisch sät, wird vom Fleisch Verderben ernten; wer aber auf den Geist sät, wird vom Geist ewiges Leben ernten. Lasst uns aber im Gutestun nicht müde werden! Denn zur bestimmten Zeit werden wir ernten, wenn wir nicht ermatten.*

In diesen Versen geht es eindeutig darum, wie wir mit Geld und anderen materiellen Dingen umgehen. Sie ermutigen uns, großzügig zu sein und so viel Gutes zu tun als möglich. Wenn Paulus sagt: »Was ein Mensch sät, das wird er auch ernten«, dann denkt er dabei nicht an Sünde und ewige Strafe (obwohl das *auch* richtig ist). Sein Thema ist hier eher, wie wir mit unserem *Geld* umgehen.

Wer auf sein Fleisch sät, ist ein Christ, der sein Eigentum zum eigenen Genuss verwendet. So dient er seinem Leib. Am Ende seines Lebens wird sein Leib, für den er gelebt hat, zum Staub zurückkehren. Seine Ernte verdirbt.

Wer auf den Geist sät, ist ein Gläubiger, der ein treuer Verwalter ist und ein opferbereites Leben führt, um das Evangelium zu verbreiten. Durch den Dienst des Geistes erntet er ewiges Leben. Heißt das aber, dass er ewiges Leben mit seinem Geld kaufen kann? Das kann es nicht bedeuten. Errettung kann weder gekauft noch verdient werden. Aber wer das Werk des Herrn und Seine Arbeiter großzügig unterstützt, erntet dann im ewigen Leben größere Freude, im Himmel erwartet ihn größerer Lohn und seine Fähigkeit, den Himmel zu genießen, wird zunehmen.

Zwischen Saat und Ernte liegt immer eine Zeitspanne; wir sollten also unermüdlich sein, Gutes zu tun, weil wir sicher sein können, dass wir schließlich belohnt werden.

Hier ist eine weitere Stelle, die fälschlicherweise auf Errettung bezogen wird:

Brüder, ich denke von mir selbst nicht, es ergriffen zu haben; eines aber tue ich: Ich vergesse, was dahinten, strecke mich aber aus nach dem, was vorn ist, und jage auf das Ziel zu, hin zu dem Kampfpreis der Berufung Gottes nach oben in Christus Jesus (Phil 3,13–14).

Wieder zieht der Apostel eine Parallele mit einem Athleten beim Wettkampf. Er will Christus in allem gleichen (Verse 10–11). Er hat es noch nicht erreicht, aber mit Zielstrebigkeit (»eines aber tue ich«) jagt er auf das Ziel zu, um den Preis zu erringen. »Der Kampfpreis der Berufung Gottes in Jesus Christus« ist die Erfüllung des Planes, den Gott im Sinn hatte, als er ihn errettet hat.

Man tut dieser Bibelstelle Zwang an, wenn man daraus die Lehre ziehen will, dass die Erlösung der Lohn für vollen Einsatz in der Rennbahn des Lebens ist. Errettung ist kein Preis, den man gewinnen kann, sondern ein Geschenk, das man annehmen muss.

Als Nächstes wenden wir uns Kolosser 2,18–19 zu – Verse, die angeblich lehren, dass man die Errettung verlieren kann:

Um den Kampfpreis soll euch niemand bringen, der seinen eigenen Willen tut in scheinbarer Demut und Anbetung der Engel, der auf das eingeht, was er in Visionen gesehen hat, grundlos aufgeblasen von der Gesinnung seines Fleisches, und nicht festhält das Haupt, von dem aus der ganze Leib, durch die Gelenke und Bänder unterstützt und zusammengefügt, das Wachstum Gottes wächst.

Das Wort *Kampfpreis* in Vers 18 sollte uns darauf hinweisen, dass es hier nicht um Errettung geht. Die Frage ist nicht, ob man seine Errettung verliert, sondern ob man seinen Lohn verliert. Paulus warnt die Kolosser vor unbiblischen neuen Lehren. Wer sich nur mit Gesetzlichkeit, Mystizismus oder Askese beschäftigt, dessen Aufmerksamkeit wird von Christus, unserem Haupt, abgelenkt, durch den allein geistliches Wachstum kommt. Christen, die auf diese Art abgelenkt werden, bleiben in ihrem Wachstum zurück und werden um ihren Lohn gebracht.

… eben deshalb wendet aber auch allen Fleiß auf und reicht in eurem

Glauben die Tugend dar, in der Tugend aber die Erkenntnis, in der Erkenntnis aber die Enthaltsamkeit, in der Enthaltsamkeit aber das Ausharren, in dem Ausharren aber die Gottseligkeit, in der Gottseligkeit aber die Bruderliebe, in der Bruderliebe aber die Liebe! Denn wenn diese Dinge bei euch vorhanden sind und zunehmen, lassen sie euch im Hinblick auf die Erkenntnis unseres Herrn Jesus Christus nicht träge und nicht fruchtleer sein. Denn bei wem diese Dinge nicht vorhanden sind, der ist blind, kurzsichtig und hat die Reinigung von seinen früheren Sünden vergessen. Darum, Brüder, befleißigt euch um so mehr, eure Berufung und Erwählung fest zu machen! Denn wenn ihr diese Dinge tut, werdet ihr niemals straucheln. Denn so wird euch reichlich gewährt werden der Eingang in das ewige Reich unseres Herrn und Heilandes Jesus Christus (2Petr 1,5–11).

Es sind hier die Verse 10 und 11, die angeblich die Verlierbarkeit des Heils zeigen, aber zuerst wollen wir den Abschnitt untersuchen, der zu diesen Versen hinführt. Die Verse 5–7 sind eine Ermahnung, einen von Christus geprägten Charakter zu entwickeln. Wenn wir diese Tugenden in unserem Leben zur Entfaltung bringen, bewahrt uns das vor Unproduktivität, Fruchtlosigkeit und Kurzsichtigkeit und verhindert, dass wir vergessen wovon wir errettet worden sind.

Auf diesem Hintergrund fordert Petrus uns auf, unsere Berufung und Erwählung festzumachen. In gewisser Hinsicht sind Berufung und Erwählung so fest wie Gott sie nur machen kann. Vor Grundlegung der Welt sind wir in Christus erwählt (Eph 1,4) und durch das Evangelium berufen, um Ihm anzugehören. Aber durch die Entwicklung eines gereiften geistlichen Charakters beweisen wir uns selbst und besonders auch anderen die Realität unserer Erwählung und unserer Berufung. Das Ergebnis ist eine sichtbare Bestätigung. Und dieses geistliche Wachstum wird uns vor dem Straucheln bewahren. Das Thema ist hier nicht der Verlust der Errettung, sondern das Vermeiden eines geistlichen Fehltritts, der natürlich wieder in Ordnung gebracht werden kann.

Wir müssen Vers 11 genau lesen. Hier steht *nicht*: »Denn so wird euch gewährt werden der Eingang in das ewige Reich …« Das

Wort »reichlich« darf nicht ausgelassen werden! Der Eintritt in das Königreich wird uns durch die Wiedergeburt zugesprochen (Joh 3,5). Aber wie reichlich unser Eintritt ausfällt, hängt von dem Ausmaß ab, in dem diese christlichen Tugenden in unserem Leben zur Entfaltung gebracht worden sind. Petrus spricht hier nicht von der Methode der Errettung, sondern eher vom Lohn eines gottesfürchtigen Lebens. Er will, dass wir in Gottes Königreich mit wehenden Fahnen ankommen, nicht mit hängenden Gesichtern!

Es überrascht, dass jemand, der daran glaubt, dass ein Mensch seine Errettung verlieren kann, 2. Johannes 8 verwendet.

> *Sehet auf euch selbst, damit wir nicht verlieren, was wir erarbeitet haben, sondern vollen Lohn empfangen!* (unrevidierte Elberfelder).

Nach dieser Übersetzung sagt Johannes: »Ihr Christen, seht auf euch selbst, damit wir (die Apostel) nicht verlieren, was wir erarbeitet haben, sondern vollen Lohn empfangen.«

Die revidierte Elberfelder folgt dem Nestle-Text und schreibt: »Seht auf euch selbst, damit ihr nicht verliert, was wir erarbeitet haben, sondern vollen Lohn empfangt.« Schlachter übersetzt: »Sehet euch vor, dass ihr nicht verliert, was ihr erarbeitet habt, sondern vollen Lohn empfangt!«

Wie auch immer, es geht in keinem Fall um den Verlust der Errettung. Dafür arbeiten wir nicht. Es geht hier um den Empfang von vollem Lohn.

Hier sind noch einige andere Stellen, die von Gegnern der ewigen Heilssicherheit in der Auseinandersetzung benutzt werden. Die erste ist Offenbarung 2,10–11:

> *Fürchte dich nicht vor dem, was dir an Leiden bevorsteht! Ja, der Teufel wird einige von euch ins Gefängnis werfen, um euch zu erproben, und ihr werdet zehn Tage lang eine Trübsal durchmachen. Bleibe getreu bis in den Tod, so werde ich dir den Siegeskranz des Lebens*

geben. Wer ein Ohr hat, der höre, was der Geist den Gemeinden sagt! Dem Sieger soll kein Leid geschehen vom zweiten Tod.

In Vers 10 ist denen der Siegeskranz verheißen, die treu bleiben bis in den Tod. Die Befürworter von der Verlierbarkeit des Heils machen die Krone des Lebens zu einem Synonym für ewiges Leben und das gehört denen, die bis zum Ende ihres Lebens treu sind. So lautet ihr Argument.

Um die wirkliche Bedeutung herauszufinden, verweisen wir auf den *Zusammenhang.* Der erste Teil des Verses spricht von der schrecklichen Verfolgung, die die Heiligen in Smyrna erleben würden. Es wird ihnen Gefängnis, Erprobung und Trübsal bevorstehen. Einige werden sogar für ihren Glauben sterben müssen. Ihnen wird die Märtyrerkrone gegeben werden – der Siegeskranz des Lebens.

In Vers 11 verheißt der Herr, dass dem Sieger oder Überwinder vom zweiten Tod kein Leid geschehen soll. Befürworter der Verlierbarkeit des Heils behaupten, das bedeutet: »Einer, der glaubt und fortfährt zu glauben, einer der überwindet und fortfährt zu überwinden.« Der Apostel Johannes sagt, dass überwinden bedeutet: »Einer, der glaubt, dass Jesus der Sohn Gottes ist« (1Jo 5,5; das wird genauer im nächsten Kapitel behandelt). Der zweite Tod ist nur das Schicksal von Ungläubigen.

Wir betrachten noch eine letzte Stelle, wo Errettung und Lohn oft durcheinander gebracht werden:

Ich kenne deine Werke. Siehe, ich habe vor dir eine Tür geöffnet, die niemand zuschließen kann! Wohl hast du nur eine geringe Kraft, aber du hast mein Wort festgehalten und meinen Namen nicht verleugnet. Siehe, ich will in deine Hand geben die aus der Synagoge des Satans: Sie nennen sich Juden, sind es aber nicht, sondern sind Lügner. Ich will sie dahin bringen, dass sie kommen und zu deinen Füßen niederfallen und erkennen, dass ich dich geliebt habe. Weil du das Wort vom geduldigen Warten auf mich bewahrt hast, werde ich dich aus der Stunde der Prüfung bewahrend herausholen. Sie wird über die ganze Welt kommen, um alle Bewohner der Erde zu prüfen. Ich komme bald. Halte fest, was du hast, damit keiner dir deinen Kranz wegnehme! Den Sieger werde ich zum Pfeiler im Tempel meines Gottes machen, er soll nie wieder von dort weichen. Ich werde den Namen meines Gottes und den Namen der Stadt meines Gottes darauf schreiben, den Namen des neuen Jerusalem, das aus dem Himmel von meinem Gott herabkommt, meinen neuen Namen (Offb 3,8–12).

Das Wort »Werke« zu Beginn von Vers 8 signalisiert uns, dass Johannes von Lohn spricht. Die Christen in Philadelphia haben das Wort Christi festgehalten und Seinen Namen nicht verleugnet, deshalb werden sie belohnt, indem die Feinde sich zu ihren Füßen niederwerfen und erkennen, dass die Heiligen von Christus geliebt worden sind. Weil sie Seinem Befehl zum Überwinden gehorcht haben, wird Er sie vor der Zeit der Trübsal bewahren. Sie sollten festhalten, was sie haben, bis Er kommt, damit niemand ihren Siegeskranz wegnehmen kann (nicht ihre Errettung, sondern ihren *Siegeskranz*). Der Lohn für das Überwinden (Siegen) wird sein, dass sie zu Pfeilern im Tempel Gottes gemacht werden. Und auf ihnen wird der Name Gottes geschrieben werden, der Name der Stadt Gottes, der Name des neuen Jerusalems und der neue Name Christi.

All diese Ehren sind der Lohn für Treue im Leben und Dienst, aber kein Mittel zum Erlangen der Errettung. Werke, die Bestand haben, werden belohnt werden. Andere Werke werden verbrannt werden und der Diener wird Schaden leiden, er selbst jedoch wird errettet werden (1Kor 3,14–15).

Überwinder oder Verlierer?

Einer der Verse, die in Zusammenhang mit der Frage der ewigen Sicherheit Verwirrung stiften, ist Offenbarung 3,5:

> *Wer überwindet, der wird so mit weißen Kleidern bekleidet werden, und ich werde seinen Namen aus dem Buch des Lebens nicht auslöschen und seinen Namen bekennen vor meinem Vater und vor seinen Engeln.*

Die Worte »ich werde seinen Namen aus dem Buch des Lebens nicht auslöschen« scheinen die Möglichkeit einzuschließen, dass die Namen derer ausgelöscht werden, die nicht überwinden. Erst einmal drängen sich zwei Fragen auf: Was ist ein Überwinder? Und: Was ist das Buch des Lebens?

Die grundlegende Definition eines Überwinders finden wir in 1. Johannes 5,4–5: Es ist jemand, der die Welt überwindet.

> *Denn alles, was aus Gott geboren ist, überwindet die Welt; und dies ist der Sieg, der die Welt überwunden hat: unser Glaube. Wer aber ist es, der die Welt überwindet, wenn nicht der, der glaubt, dass Jesus der Sohn Gottes ist?*

In diesem Vers werden die als Überwinder bezeichnet, die aus Gott geboren sind, die glauben, dass Jesus der Sohn Gottes ist – mit anderen Worten: alle echten Christen.

Diese Verse in 1. Johannes 5 werden manchmal verwendet, um die Verlierbarkeit zu belegen. Ich sehe hier nichts, was diese Ansicht erhärtet, es sei denn, man beruft sich auf den Präsens des Wortes »glauben« und besteht darauf, dass er eine fortdauernde Handlung beschreibt. Mit anderen Worten derjenige, der die Welt überwindet, muss glauben und fortfahren zu glauben. Und notwendigerweise folgt daraus, dass ein Mensch nur so lange aus Gott geboren ist, so lange er weiter glaubt.[36]

Demnach kann ein Mensch aus Gott geboren werden, dann kann

er ungeboren werden (eine bizarre Idee) und dann kann er von neuem geistlich wiedergeboren werden. Dieser Kreislauf kann sich offenbar unbegrenzt wiederholen. Es ist, als würde die Heilige Schrift lehren: »Du musst wieder und wieder und wieder und wieder geboren werden.« Der Bibel ist das fremd.

Was diese Verse tatsächlich lehren ist: Der Glaube befähigt den wiedergeborenen Gläubigen, die Welt zu überwinden, indem er Glanz und Leere der Welt durchschaut und erkennt, dass sie mit Gott und Seinem Volk in Feindschaft liegt. Er fürchtet die Versuchungen der Welt, aber ihr Missfallen macht ihm nichts aus. Er erwartet nicht, dass er besser behandelt wird als sein Herr.

Ein echter Christ hält am Glauben fest, nicht als Bedingung für seine Errettung, sondern weil es ein Kennzeichen seines neuen Lebens ist. Dreimal spricht der Apostel Johannes junge Männer in der Familie Gottes als solche an, die das Böse überwunden haben (1Jo 2,13–14; 4,4a). Doch haben sie das nicht aus eigener Kraft getan, sondern in der Kraft dessen, der in ihnen Wohnung genommen hat (1Jo 4,4b).

Wir gehen nun zu unserem Vers in der Offenbarung zurück. Wir sollten auf die Verheißungen achten, die dem Überwinder oder Sieger hier und an anderen Stellen in der Offenbarung zugesagt werden: Er wird vom Baum des Lebens essen (2,7). Vom zweiten Tod wird er keinen Schaden leiden (2,11). (Weil der zweite Tod der Feuersee ist und weil nur Ungläubige vom zweiten Tod Schaden leiden [Offb 20,14], ist jeder Überwinder ein wahres Kind Gottes.) Er wird vom verborgenen Manna essen (2,17). Es wird ihm Macht über die Nationen gegeben werden (2,26). Er wird mit weißen Kleidern bekleidet (3,5a). Er wird ein Pfeiler im Tempel Gottes sein (3,12). Er wird mit Christus auf Seinem Thron sitzen (3,21). Er wird alle Dinge erben, Gott wird sein Vater sein und er wird Gottes Sohn sein (21,7).

Die Gesamtheit dieser Stellen lässt uns nicht nur erkennen, dass alle Überwinder Gläubige sind, sondern dass auch alle Gläubigen als Überwinder angesehen werden.

John MacArthur erklärt: »*Der überwindet* und verwandte Ausdrücke sind in den Schriften von Johannes gebräuchlich. Ziemlich eindeutig verwendet der Apostel Johannes den Begriff *Überwinder* als Synonym für den Gläubigen. Nach seiner Definition sind letztlich alle Christen *Überwinder*. So etwas wie einen Gläubigen, der in diesem Sinne kein Überwinder ist, gibt es also gar nicht.«[37]

Wir wollen nun überlegen, was das Buch des Lebens ist. Die Namen der Mitarbeiter des Paulus sind im Buch des Lebens (Phil 4,3). Die Namen derer, die das Tier aus dem Meer anbeten, waren nicht im Buch des Lebens des geschlachteten Lammes geschrieben (Offb 13,8). Die nicht im Buch des Lebens erscheinen, werden in den Feuersee geworfen (Offb 20,15). Nur die werden in das neue Jerusalem hineinkommen, deren Namen im Buch des Lebens des Lammes geschrieben sind (Offb 21,27).

Die Gesamtheit dieser Stellen zeigt offensichtlich, dass das Buch des Lebens ein Verzeichnis aller Erlösten ist.

Wir kommen nun zu unserem Ausgangspunkt zurück: Der Herr sagt in Offenbarung 3,5, dass Er die Namen der Überwinder nicht aus dem Buch des Lebens tilgen wird. Könnte man nicht daraus schließen, dass die Namen einiger Gläubiger ausgetilgt werden?

Erst einmal sollten wir keine Lehre auf etwas aufbauen, *auf das man schließen könnte*. Besser man nimmt direkte Aussagen.

Und dann sollten wir wissen, dass das Gegenteil einer Aussage nicht unbedingt eine Andeutung oder eine wahre Aussage darstellt. Beispielsweise könnte ich sagen: »Wenn ich in Jerusalem bin, dann weiß ich, dass ich mich in Israel aufhalte.« Das Gegenteil wäre: »Wenn ich nicht in Jerusalem bin, dann weiß ich, dass ich mich nicht in Israel aufhalte.« Das stimmt nicht, denn man könnte auch in Haifa oder Tel Aviv sein.

Mit Seinem Versprechen, dass Er die Namen der Gläubigen nicht tilgen wird, gibt der Herr tatsächlich eine Verheißung ihrer ewigen Sicherheit. Wenn Er sie nicht austilgt, dann bleiben sie im Buch des Lebens. Statt Sein Wort zu verwenden, um eine eventuelle Möglichkeit zu konstruieren, ist es besser, die Aussage über das, was Er nicht tun wird, stehen zu lassen.

> *Und sie haben ihn überwunden wegen des Blutes des Lammes und wegen des Wortes ihres Zeugnisses, und sie haben ihr Leben nicht geliebt bis zum Tod* (Offb 12,11)!

Hier werden Heilige in der Zeit der Trübsal beschrieben, denen man den Tod angedroht hatte, wenn sie ihren Glauben an Christus nicht widerrufen. Sie haben das Böse überwunden durch das Blut des Lammes. Das vergossene Blut Christi brachte jede Anklage zum Schweigen, die Satan gegen sie vorbringen konnte. Sie haben auch durch das Wort ihres Zeugnisses überwunden: Was ihr Bekenntnis für Christus betraf, so würden sie keinen Rückzieher machen, auch wenn das bedeutete, als Märtyrer zu sterben. »Sie haben ihr Leben nicht geliebt bis zum Tod.« Man kann es schwer nachvollziehen, wie diese Verse die Verlierbarkeit des Heils belegen sollen, aber sie werden doch manchmal für diesen Zweck verwendet.

Offenbarung 17,14 enthält das Wort *überwinden*, aber hier bezieht es sich auf den Herrn:

> *Diese werden mit dem Lamm Krieg führen, und das Lamm wird sie überwinden; denn es ist Herr der Herren und König der Könige, und die mit ihm sind, sind Berufene und Auserwählte und Treue.*

Die Aussage blickt in die Zukunft auf die Ereignisse in Offenbarung 19,19–21. Beim zweiten Kommen Christi werden die zehn Könige von Offenbarung 17,12.13 zu verhindern suchen, dass das Lamm Seine universelle Herrschaft antritt. Begleitet vom himmlischen Heer aller Erlösten wird der Herr sie überwinden. Die Worte »Berufene, Auserwählte und Treue« können sich nur auf Heilige beziehen. In diesem Fall sind es Heilige, die mit dem Lamm *aus dem Himmel* herabkommen (19,14; 21,2). Hier geht es nicht darum, dass sie ihre Rettung verlieren, wenn sie untreu sind.

Wir wollen uns noch eine letzte Stelle über das Überwinden ansehen:

> *Wer überwindet, wird dies erben, und ich werde ihm Gott sein, und er wird mir Sohn sein. Aber den Feigen und Ungläubigen und mit Gräueln Befleckten und Mördern und Unzüchtigen und Zauberern und Götzendienern und allen Lügnern ist ihr Teil in dem See, der mit Feuer und Schwefel brennt, das ist der zweite Tod* (Offb 21,7–8).

Es gibt nur zwei Kategorien von Menschen – die Erlösten und die Verlorenen. Vers 7 beschreibt die Erlösten. Alle anderen (Vers 8) sind verloren. Wir sind nicht durch das Überwinden errettet. Wir überwinden, weil wir errettet sind. Wer überwindet, wird alle Dinge erben; und ewiges Leben ist in allen Dingen mit eingeschlossen. Wenn wir unser Vertrauen auf Christus setzen, wird Gott unser Vater und wir werden Seine Söhne und Töchter. Aber die Worte »ich werde ihm Gott sein und er wird mir Sohn sein« beschreiben eine tiefere Vertrautheit in der Beziehung (vgl. 2Kor 6,17–18).

Urteil oder Vorurteil, Einwand oder Vorwand?

Eine der Grundregeln für die Auslegung ist, dass ein Vers oder ein Textabschnitt im Zusammenhang studiert werden muss. Man kann einen Vers aus dem Zusammenhang reißen und ihn als Vorwand für seine eigene Meinung benutzen. Aus diesem Grund sagen wir: »Ein Urteil ohne den Zusammenhang ist ein Vorurteil, ein Einwand ohne den Zusammenhang ist ein Vorwand.«

Wir nehmen folgende Bibelstelle als Beispiel:

> *Und auf Asarja, den Sohn Odeds, kam der Geist Gottes. Und er ging hinaus, Asa entgegen, und sagte zu ihm: Hört mich an, Asa und ganz Juda und Benjamin! Der HERR ist mit euch, wenn ihr mit ihm seid. Und wenn ihr ihn sucht, wird er sich von euch finden lassen. Wenn ihr ihn aber verlasst, wird er euch auch verlassen* (2Chr 15,1–2).

Diese Verse werden manchmal aus dem Zusammenhang herausgenommen, um zu beweisen, dass ein Gläubiger nur so lange ewige Sicherheit genießt, als er den Herrn sucht usw. Diese Passage spricht jedoch nicht von der Errettung der Seele. Asa und seine Männer jubelten über ihren *militärischen* Erfolg! Asarja erinnert sie daran, dass der Schlüssel zu ihrem Erfolg in ihrer Treue zum Herrn liegt.

Hesekiel 33,7–8 wird ebenfalls mit der Bemühung zitiert, die Verlierbarkeit des Heils zu belegen:

> *Dich nun, Menschensohn, habe ich als Wächter für das Haus Israel eingesetzt. Du sollst das Wort aus meinem Mund hören und sie vor mir warnen. Wenn ich zu dem Gottlosen sage: »Du Gottloser, du musst sterben!«, du aber redest nicht, um den Gottlosen vor seinem Weg zu warnen, so wird er, der Gottlose, um seiner Schuld willen sterben; aber sein Blut werde ich von deiner Hand fordern.*

Gott hat Hesekiel als Wächter eingesetzt, um das Volk vor den Ereignissen zu warnen, die eintreffen würden, wenn er das Schwert über ihr Land bringen würde (Vers 2), mit anderen Worten – während eines Krieges. Die Gottlosen werden sterben (gemeint ist der physische Tod). Jedoch wird der Prophet nicht schuldig sein an ihrem Blut, wenn er die Warnung treu überbracht hat.

Es gibt hier keine Andeutung, dass ein wahrer Gläubiger nachträglich verloren gehen könnte. Diese Überlegung ist dem Textabschnitt fremd. Das Thema hier ist die Verantwortung des Wächters, die Gottlosen zu warnen. Wenn der Gottlose nicht Buße tut, wird er dem Krieg zum Opfer fallen.

In Johannes 15,1–8 gab der Herr Jesus Seine klassische Botschaft vom Weinstock und den Reben. Wie schon an anderer Stelle erklärt, werden die Verse 2 und 6 von Arminianern verwendet, um die Verlierbarkeit des Heils zu belegen. Sie vergessen, dass das Thema dieser Bibelstelle *Hervorbringen von Frucht* ist und nicht Errettung! Wenn sie den richtigen Schlüssel ins Schloss stecken würden, wären die Schwierigkeiten weg.

Paulus hat von der Möglichkeit gesprochen, dass er »verwerflich« werden könnte (1Kor 9,27). Der Kontext macht aber klar, dass er über den Dienst spricht, nicht über ewiges Leben. Wenn man das nicht versteht, dann hing die letztliche Rettung von Paulus davon ab, ob er seinen Leib zerschlägt und knechtet und das wäre Errettung aus Werken.

Wenn man den Hebräerbrief studiert, ist es wichtig zu bedenken, dass der Zusammenhang von Abgefallenen spricht, für die es keinen Raum zur Buße gibt, und nicht von gefallenen Gläubigen, die wiederhergestellt werden können.

Weitere Beispiele über die Wichtigkeit, einen Vers im Licht des ihn umgebenden Textes zu betrachten, sind in anderen Kapiteln angeführt. Wir alle müssen uns dieser Hauptregel der Bibelauslegung unterwerfen.

Stellung oder Zustand?

Einige der Verse, die verwendet werden, um Unverlierbarkeit des Heils zu entkräften klären sich, wenn wir an den Unterschied denken, den es zwischen der *Stellung* eines Gläubigen und seinem tatsächlichen *Zustand* gibt, zwischen seiner Position und seiner Praxis im Alltag.

Wenn ein Sünder sich bekehrt, sieht Gott ihn von da an in Christus. Gott nimmt ihn an, nicht auf der Grundlage dessen, was er in sich ist, sondern weil er in dem Geliebten ist. Weil ein Gläubiger in Christus ist, ist er vollkommen gemacht, das heißt, es ist nichts weiter notwendig, um ihn für den Himmel passend zu machen. Seine Stellung vor Gott ist makellos, nicht weil er eine besondere Leistung dafür vollbracht hätte, sondern allein wegen dem vollbrachten Werk Christi. Er ist Gott so nahe wie der Herr Jesus und er ist von Gott geliebt, wie Christus geliebt ist.

Diese Stellung wurde aus Gnade durch Glauben erreicht, unabhängig von eigenen Werken oder Verdiensten. Sobald jemand diese Stellung des Angenommenseins innehat, kann er sie nicht mehr verlieren. Bevor ein Kind Gottes seine Stellung verlieren kann, müsste erst Christus seine Stellung des Angenommenseins vor Gott verlieren.

Aber dann gibt es noch den Zustand des Christen. Er bezieht sich auf sein Leben im Alltag. Geradeso wie seine Stellung das ist, was er in Christus ist, so ist sein Zustand das, was er in sich selbst ist. Es ist so, als würde der Herr sagen: »Sieh, ich habe dich aus Gnade errettet. Jetzt geh hin und lebe würdig deiner hohen Berufung (mit den Möglichkeiten, die ich dir gegeben habe). Ich möchte, dass dein Zustand mit deiner Stellung in Einklang ist. Je mehr das in deinem Leben zutrifft, desto größer wird dein Lohn sein.«

Gott weiß, dass unser Zustand nie vollkommen unserer Stellung entsprechen wird, solange wir auf der Erde sind. Unsere Praxis wird nie zu unserer Position passen, bis wir den Heiland sehen und werden wie er. Gott will aber, dass wir Christus immer ähnlicher werden, während wir hier auf Erden sind. Das ist Wachstum, der Prozess der Heiligung.

Das erklärt die vielen Ermahnungen zur Heiligung im Neuen Testament. Es handelt sich dabei nicht um Gebote, die mit der Warnung der ewigen Verdammnis verbunden sind. Vielmehr sind das Anweisungen zu einem Leben in Gerechtigkeit für diejenigen, die aus Gnade errettet worden sind. Es sind praktische Möglichkeiten, wie wir unseren Zustand mit unserer Stellung in Einklang bringen können.

Das ist Gottes Methode, Heiligung zu bewirken. Die Gnade sagt: »Ich gebe dir eine vollkommene Stellung als ein Geschenk der Gnade. Du sollst nun aus Liebe zum Heiland – der gestorben ist, um dir das zu ermöglichen – auf eine Art und Weise leben, die deiner Stellung würdig ist.«

Im Gegensatz dazu sagt das Gesetz: »Verdiene und behalte deine Stellung durch deine Leistung (unmöglich); machst du das nicht, wirst du verdammt.«

Wir wollen nun sehen, wie sich dadurch einige recht schwierige Bibelstellen erklären lassen:

> *So auch ihr: Haltet euch der Sünde für tot, Gott aber lebend in Christus Jesus! So herrsche nun nicht die Sünde in eurem sterblichen Leib, dass er seinen Begierden gehorche; stellt auch nicht eure Glieder der Sünde zur Verfügung als Werkzeuge der Ungerechtigkeit, sondern stellt euch selbst Gott zur Verfügung als Lebende aus den Toten und eure Glieder Gott zu Werkzeugen der Gerechtigkeit! Denn die Sünde wird nicht über euch herrschen, denn ihr seid nicht unter Gesetz, sondern unter Gnade. Was nun, sollen wir sündigen, weil wir nicht unter Gesetz, sondern unter Gnade sind? Das sei ferne! Wisst ihr nicht, dass, wem ihr euch zur Verfügung stellt als Sklaven zum Gehorsam, ihr dessen Sklaven seid, dem ihr gehorcht? Entweder Sklaven der Sünde zum Tod oder Sklaven des Gehorsams zur Gerechtigkeit? Gott aber sei Dank, dass ihr Sklaven der Sünde wart, aber von Herzen gehorsam geworden seid dem Bild der Lehre, dem ihr überge-*

ben worden seid! Frei gemacht aber von der Sünde, seid ihr Sklaven der Gerechtigkeit geworden. Ich rede menschlich wegen der Schwachheit eures Fleisches. Denn wie ihr eure Glieder als Sklaven der Unreinheit und der Gesetzlosigkeit zur Gesetzlosigkeit zur Verfügung gestellt habt, so stellt jetzt eure Glieder zur Verfügung als Sklaven der Gerechtigkeit zur Heiligkeit! Denn als ihr Sklaven der Sünde wart, da wart ihr Freie gegenüber der Gerechtigkeit. Welche Frucht hattet ihr denn damals? Dinge, deren ihr euch jetzt schämt, denn das Ende davon ist der Tod. Jetzt aber, von der Sünde frei gemacht und Gottes Sklaven geworden, habt ihr eure Frucht zur Heiligkeit, als das Ende aber ewiges Leben. Denn der Lohn der Sünde ist der Tod, die Gnadengabe Gottes aber ewiges Leben in Christus Jesus, unserem Herrn (Röm 6,11–23).

In den ersten zehn Versen dieses Kapitels hat der Apostel Paulus über unsere Stellung gesprochen. Wir sind der Sünde gestorben (Vers 2). Unser alter Mensch ist mit Ihm gekreuzigt worden (Vers 6). Wir sind von der Sünde (als Macht, die uns beherrscht) frei gemacht worden. Weil wir mit Christus gestorben sind, werden wir auch mit Ihm leben (Vers 8).

Der Rest des Kapitels hat größtenteils mit unserem praktischen Leben zu tun. Weil wir unserer Stellung nach der Sünde gestorben sind, sollten wir uns der Sünde für tot halten, das heißt, wir sollten auf die Sünde wie ein Toter reagieren (Vers 11). Weil wir von der Herrschaft der Sünde befreit worden sind, sollten wir wie Sklaven der Gerechtigkeit leben (Verse 13 und 16).

Es scheint merkwürdig, dass der letzte Vers des Kapitels dafür herhalten soll, die Verlierbarkeit des Heils zu beweisen. Die Begründung lautet so: Offensichtlich ist das Kapitel an Christen gerichtet. Wozu sollte Paulus sie warnen, dass der Lohn der Sünde der Tod ist, wenn sie ihre Errettung gar nicht verlieren können?

Das geht an der Absicht der Unterweisung des Apostels vollkommen vorbei! Er hat den Unterschied herausgearbeitet, was seine Leser vor ihrer Bekehrung waren und was sie nun durch die Gnade sind. Sie sind Sklaven der Sünde gewesen, nun sind sie Sklaven der Gerechtigkeit. Sie waren Sklaven der Unreinheit und Gesetzlosigkeit und das führte zu weiterer Gesetzlosigkeit; nun sind sie dazu bestimmt, Sklaven der Gerechtigkeit zur Heiligkeit zu sein. Sie waren Sklaven der Sünde; nun sind sie Sklaven Gottes. Um den Unterschied noch zu unterstreichen, erinnert er sie daran, dass sie vor ihrer Erlösung den Lohn ihrer Sünde verdient haben, nämlich den Tod. Nun, als Gläubige, genießen sie die Gabe Gottes, nämlich ewiges Leben in Christus Jesus, unserem Herrn. Er macht nicht den Versuch, ihnen zu beweisen, dass der geistliche Tod möglicherweise ihre ewige Bestimmung sein könnte, sondern er teilt ihnen mit, dass ihr Los jetzt und für immer ewiges Leben ist.

In Wirklichkeit enthält dieser Abschnitt eines der stärksten Argumente für die Sicherheit unserer Errettung. Wir können unsere Errettung nicht durch Sünde verlieren, weil wir wiedergeboren worden sind und weil wir keinen Hang zur Sünde mehr haben. Spurgeon kommentiert:

... Durch den Einfluss, den der Tod Christi auf unsere Seelen genommen hat, *hat der Heilige Geist uns so gewandelt, dass wir »für Sünden tot« sind:* Das soll heißen, dass wir Sünde nicht mehr lieben und dass sie aufgehört hat, über uns zu herrschen. Die Sünde hat in unseren Herzen keine Heimstätte mehr; gelangt sie dorthin, dann als Eindringling. Wir sind nicht länger ihre willigen Diener. Durch Versuchungen ruft die Sünde nach uns, aber wir geben keine Antwort, weil wir für ihre Stimme tot sind. Sünde verspricht uns großen Gewinn, aber wir streben nicht danach, weil wir für ihre Anziehungskraft tot sind. Wir sündigen zwar, aber unser Wille ist nicht darauf gerichtet, zu sündigen. Ein vollkommen geheiligtes Leben zu führen wäre das Schönste für uns. Unser Herz und Leben trachten nach Vollkommenheit, und Sünde ist für unsere Seele abscheulich. »Wenn ich nun das tue, was ich nicht tun will, bin nicht ich es, der es tut, sondern die in mir wohnende Sünde.« Unser wahres und reales Ich kann Sünde nicht ausstehen; und wenn wir in Sünde fallen (es ist ein Fall – wir verlassen unser Element), dann fliehen wir vor der Sünde mit größtmöglicher Geschwindigkeit. Das neugeborene Leben in uns hat mit Sünde nichts gemein, es ist für die Sünde gestorben.[38]

Bleibt in mir und ich in euch! Wie die Rebe nicht von sich selbst Frucht bringen kann, sie bleibe denn am Weinstock, so auch ihr nicht, ihr bleibt denn in mir (Joh 15,4).

Und nun, Kinder, bleibt in ihm, damit wir, wenn er geoffenbart werden wird, Freimütigkeit haben und nicht vor ihm beschämt werden bei seiner Ankunft (1Jo 2,28)!

Wir haben schon gesehen, dass die Stellung eines Christen vor Gott mit solchen Worten zusammengefasst ist wie »in Christus«, »in Ihm« oder »in dem Geliebten«. Was seine Eignung für den Himmel angeht, trägt er durch eigene Leistung nichts bei, sondern in Christus ist er vollkommen passend gemacht und Christus ist seine einzige Qualifikation für das Vaterhaus.

Wie eine Rebe am wahren Weinstock bleibt, so ist ein Gläubiger verantwortlich dafür, in Christus zu bleiben. Das bedeutet, in Gemeinschaft mit Ihm zu bleiben, jede bewusste Sünde zu bekennen und zu lassen und Seinem Wort gehorsam zu sein. Nur so kann er Frucht für Gott bringen, ein effektives Gebetsleben haben, den Vater verherrlichen, ein Jünger im wahren Sinn des Wortes werden und Freude im Übermaß erleben. Aber auch nach all dem muss er daran denken, dass er ohne Christus nichts tun kann.

Manchmal wird mit dem Wort »bleiben« das Leben aller echten Gläubigen beschrieben. Das ist ihre Stellung vor Gott. Er sieht sie als bleibend in Christus. In anderen Abschnitten beschreibt »bleiben« den Zustand, die Praxis. Sie sollten in Christus bleiben, wie eine Rebe am Weinstock bleibt.

Zuerst wollen wir Verse untersuchen, die Bleiben als etwas bezeichnen, das auf jedes Kind Gottes zutrifft.

Wer sagt, dass er in ihm bleibe, ist schuldig, selbst auch so zu wandeln, wie er gewandelt ist (1Jo 2,6).

In diesem Vers ist das Bleiben in Ihm gleichbedeutend damit, wiedergeboren zu sein. Jeder, der für sich in Anspruch nimmt, ein Christ zu sein, sollte so wandeln, wie der Heiland hier auf Erden gewandelt ist. Natürlich stimmt auch, dass jemand, der bekennt, ein Nachfolger des Herrn zu sein, dementsprechend wandeln sollte. Die erste Auslegung ist jedoch vorzuziehen, denn in den Versen 3 bis 5 stellt Johannes Ungläubige und Gläubige gegenüber.

> *Wer seinen Bruder liebt, bleibt im Licht, und nichts Anstößiges ist in ihm* (1Jo 2,10).

Hier differenziert der Apostel wiederum zwischen Ungläubigen (»wer seinen Bruder hasst«) und Erretteten (»wer seinen Bruder liebt«). Der Ungläubige ist in Finsternis, der Errettete ist im Licht.

> *Jeder, der in ihm bleibt, sündigt nicht; jeder, der sündigt, hat ihn nicht gesehen noch ihn erkannt* (1Jo 3,6).

Der im Herrn bleibt, ist hier ein Gläubiger. Das ist seine Stellung. Wir können das wissen, weil nur die von der Herrschaft der Sünde frei sind, die göttliches Leben besitzen. Das wird in Vers 9 gezeigt: »Jeder, der aus Gott geboren ist, tut nicht Sünde«, das heißt, er lebt nicht in der Sünde, die Sünde kontrolliert ihn nicht, er sündigt nicht in einem fort. Die Verse 6 und 9 sprechen von ein und derselben Person.

Tatsächlich sagt Gott zu jedem seiner Kinder: »Ich sehe dich bleibend in Christus; das ist deine Stellung oder deine Position.« Aber dann fügt Er schnell hinzu: »Ich will, dass du in Christus bleibst. Das sollte auch dein Zustand oder deine Praxis sein.«

> *Bleibt in mir und ich in euch! Wie die Rebe nicht von sich selbst Frucht bringen kann, sie bleibe denn am Weinstock, so auch ihr nicht, ihr bleibt denn in mir. Ich bin der Weinstock, ihr seid die Reben. Wer in mir bleibt und ich in ihm, der bringt viel Frucht, denn getrennt von mir könnt ihr nichts tun. … Wenn ihr in mir bleibt und meine Worte in euch bleiben, so werdet ihr bitten, was ihr wollt, und es wird euch geschehen. … Wenn ihr meine Gebote haltet, so werdet ihr in*

meiner Liebe bleiben, wie ich die Gebote meines Vaters gehalten habe und in seiner Liebe bleibe (Joh 15,4.5.7.10).

Bei der Verwendung des Wortes »bleiben« in diesen Versen geht es um die Praxis, nicht um die Stellung. Ermahnungen wie die in Vers 4 beziehen sich immer darauf, wie das Alltagsleben eines Gläubigen mit seiner Stellung in Einklang gebracht werden sollte. Wer am Weinstock bleibt (Vers 5), ist ein Gläubiger, der im Gehorsam und in Gemeinschaft mit seinem Herrn wandelt. Wer in Christus bleibt und in wem das Wort Christi bleibt (Vers 7), das ist ein Christ, der in enger Verbindung mit dem Herrn Jesus lebt.

Gehorsam ist ein Kennzeichen wahrer Sohnschaft (Vers 10). Gehorsam kennzeichnete den Heiland als Mensch hier auf Erden und es sollte alle Söhne und Töchter Gottes charakterisieren.

> *Ihr! Was ihr von Anfang an gehört habt, bleibe in euch! Wenn in euch bleibt, was ihr von Anfang an gehört habt, werdet auch ihr in dem Sohn und in dem Vater bleiben. … Und ihr! Die Salbung, die ihr von ihm empfangen habt, bleibt in euch, und ihr habt nicht nötig, dass euch jemand belehre, sondern wie seine Salbung euch über alles belehrt, so ist es auch wahr und keine Lüge. Und wie sie euch belehrt hat, so bleibt in ihm! Und nun, Kinder, bleibt in ihm, damit wir, wenn er geoffenbart werden wird, Freimütigkeit haben und nicht vor ihm beschämt werden bei seiner Ankunft* (1Jo 2,24.27.28)!

In den Versen 24 und 28 ist mit *Bleiben* eine Ermahnung verbunden. Vers 27 wird manchmal als Imperativ übersetzt (»bleibt in Ihm«) und manchmal als Zusicherung (»ihr werdet in Ihm bleiben«). In jedem Fall ist hier vom Zustand die Rede, nicht von der Stellung. Unsere Stellung hängt nie von unserem Verhalten ab.

Genauer ist das Thema »Bleiben« in den Bemerkungen zu Johannes 15 erläutert. Sie befinden sich im Kapitel »Fruchtbringen oder Errettung?«

Verführt oder verloren?

Kann ein wiedergeborener Christ verführt werden? Offensichtlich ja. Es gibt mehrere Warnungen vor Verführung, die an das Volk Gottes gerichtet werden. Folgt daraus aber unbedingt, dass ein Heiliger, der verführt wird, unbedingt verloren oder verdammt sein muss? Offensichtlich nicht.

Gläubige sind oft gutgläubig. Vielleicht liegt es daran, dass die Bibel den Glauben betont und sie deshalb vergessen, dass rechter Glaube die sichersten Beweise erfordert, die es gibt, und sie in Gottes Wort findet. Wir dürfen uns nicht nach jedem Wind der Lehre drehen und jede religiöse Strömung oder Neuheit mitmachen.

Seit dem Aufkommen des Fernsehens sind die Menschen eine besonders leichte Beute für Verführungen geworden. Computersimulationen können lebensechte Situationen und sogar »Wunder« vorgaukeln. Die Grenze zwischen Realität und Fiktion ist schwer festzustellen.

Jesus warnte Seine Jünger vor der Ankunft von falschen Erlösern:

> *Und Jesus antwortete und sprach zu ihnen: Seht zu, dass euch niemand verführe! Denn viele werden unter meinem Namen kommen und sagen: Ich bin der Christus! Und sie werden viele verführen. … und viele falsche Propheten werden aufstehen und werden viele verführen; und weil die Gesetzlosigkeit überhand nimmt, wird die Liebe der meisten erkalten; wer aber ausharrt bis ans Ende, der wird errettet werden. … Wenn dann jemand zu euch sagt: Siehe, hier ist der Christus, oder dort! so glaubt es nicht! Denn es werden falsche Christusse und falsche Propheten aufstehen und werden große Zeichen und Wunder tun, um, wenn möglich, auch die Auserwählten zu verführen. Siehe, ich habe es euch vorhergesagt. Wenn sie nun zu euch sagen: Siehe, er ist in der Wüste! so geht nicht hinaus! Siehe, in den Kammern! so glaubt es nicht* (Mt 24,4–5.11–13.23–26)!

Dass diese Warnung vor allem für jüdische Jünger des Herrn während der Drangsal gilt, hat keinen Einfluss auf unser Thema.

Tatsache ist, dass Menschen jedes Zeitalters Verführungen ausgesetzt sind. Religiöse Führer, die Gesandte Satans sind, geben sich als Diener des Lichtes aus. Sie nehmen für sich in Anspruch, Offenbarungen von Gott zu erhalten und führen Wunder vor, um ihre Authentizität zu beweisen. Unbelehrte Jünger sind eine leichte Beute. Aber Jünger können in die Irre geleitet werden, ohne Christus zu verleugnen oder ihre Errettung zu verlieren.

Denn ich eifere um euch mit Gottes Eifer; denn ich habe euch einem Mann verlobt, um euch als eine keusche Jungfrau vor den Christus hinzustellen. Ich fürchte aber, dass, wie die Schlange Eva durch ihre List verführte, so vielleicht euer Sinn von der Einfalt und Lauterkeit Christus gegenüber abgewandt und verdorben wird. Denn wenn der, welcher kommt, einen anderen Jesus predigt, den wir nicht gepredigt haben, oder ihr einen anderen Geist empfangt, den ihr nicht empfangen habt, oder ein anderes Evangelium, das ihr nicht angenommen habt, so ertragt ihr das recht gut (2Kor 11,2–4).

Die Korinther waren in Gefahr, verführt zu werden. Paulus hatte sie zu Christus geführt und wollte sich vor dem Richterstuhl Christi über sie freuen können. Doch Irrlehrer haben die Versammlung infiltriert und versuchten sie zu verführen, wie die Schlange Eva verführt hatte. Es bestand die Möglichkeit, dass sie etwas von ihrer einfältigen und lauteren Hingabe an Christus verlieren würden. Die Korinther begegneten diesen Irrlehren mit sorgloser Toleranz. Paulus tadelt sie dafür und sagt ironisch, dass sie für Leute einen roten Teppich ausrollen, die einen anderen Jesus predigen, einen anderen Geist verbreiten und ein anderes Evangelium verkünden.

Hier gibt es keinen Hinweis darauf, dass die Korinther ihre Errettung verloren hatten. Sie waren hereingelegt worden, aber sie hatten sich nicht von Christus abgewandt.

Dies sage ich aber, damit niemand euch verführe durch überredende Worte. Denn wenn ich auch dem Leib nach abwesend bin, so bin ich doch im Geist bei euch, freue mich und sehe eure Ordnung und die Festigkeit eures Glaubens an Christus. Wie ihr nun den Christus Jesus, den Herrn, empfangen habt, so wandelt in ihm, gewurzelt und auferbaut in ihm und gefestigt im Glauben, wie ihr gelehrt worden seid, indem ihr überreich seid in Danksagung! Seht zu, dass niemand euch einfange durch die Philosophie und leeren Betrug nach der Überlieferung der Menschen, nach den Elementen der Welt und nicht Christus gemäß (Kol 2,3–8)!

Als das geschrieben wurde, war das Christentum in Gefahr, von verschiedenen Strömungen unterminiert zu werden, wie Judentum, Intellektualismus, Gesetzlichkeit und Mystizismus. Paulus warnt die Kolosser vor diesen Irrtümern, geradeso wie das treue Hirten heutzutage tun würden. Der Unterschied zu früher liegt darin, dass er heute wohl noch Psychologie hinzufügen würde.

Die Warnung vor Verführung bedeutet nicht unbedingt, dass das Opfer des Irrtums ewig verloren gehen könnte. Verführt ist nicht verloren. Denke an die Verführungen der Gemeinde heute – Wohlstandstheologie, der Schwindel mit Heilungen, falsche Prophetien und »heiliges Lachen«. Viele echte Gläubige sind von diesen Lehren beeinflusst, das heißt aber *nicht*, dass sie ihre Errettung verlieren.

Paulus warnt die Kolosser nicht vor dem Verlust ihres Glaubens. Er freut sich über die Festigkeit ihres Glaubens und ermutigt sie zum Weitermachen. Durch Glauben hatten sie den Herrn Jesus Christus als Heiland angenommen (Errettung), nun sollten sie in Ihm wandeln, gegründet im Glauben, so wie sie unterwiesen worden sind (Heiligung).

J.B. Phillips umschreibt Kolosser 2,8 besonders hilfreich:

Achtet darauf, dass niemand euren Glauben verdirbt durch Intellektualismus oder hochgestochenen Unsinn. Solches Zeug ist bestenfalls auf menschliche Vorstellungen der Welt gegründet und beachtet Christus nicht.

Das trifft den Kern. Glaube kann verdorben werden. Er kann verleitet oder geschwächt werden oder in bestimmten Situationen versagen. Aber wahrer Glaube wird sich nie von Christus abwenden.

Böse Menschen und Betrüger aber werden zu Schlimmerem fortschreiten, indem sie verführen und verführt werden. Du aber bleibe in dem, was du gelernt hast und wovon du überzeugt bist, da du weißt, von wem du gelernt hast, und weil du von Kind auf die heiligen Schriften kennst, die Kraft haben, dich weise zu machen zur Rettung durch den Glauben, der in Christus Jesus ist (2Tim 3,13–15).

Der Apostel Paulus warnte Timotheus, dass Verführer es in den letzten Tagen immer schlimmer treiben würden. Im Gegensatz zu ihnen sollte Timotheus im Wort Gottes gegründet bleiben – in den heiligen Schriften, die einen Menschen weise machen zur Rettung durch den Glauben in Christus. Es geht hier um Errettung als eine Erfahrung, die Timotheus bereits für sich in Anspruch genommen hatte. Der Ausdruck »die Kraft haben, dich weise zu machen zur Rettung« kann sicher nicht bedeuten, dass *Timotheus* noch nicht errettet war. Es heißt auch nicht, dass seine Errettung vom Andauern seines Glaubens abhängig war. Es handelt sich um einen einfachen Beifügungssatz mit der Aussage »die weise zur Rettung machenden Schriften«. Das ist nur eine von vielen Kräften, die im Wort Gottes stecken.

Züchtigung oder Verdammnis

Denn ich will nicht, dass ihr in Unkenntnis darüber seid, Brüder, dass unsere Väter alle unter der Wolke waren und alle durch das Meer hindurchgegangen sind und alle in der Wolke und im Meer auf Mose getauft wurden und alle dieselbe geistliche Speise aßen und alle denselben geistlichen Trank tranken; denn sie tranken aus einem geistlichen Felsen, der sie begleitete. Der Fels aber war der Christus. An den meisten von ihnen aber hatte Gott kein Wohlgefallen, denn sie sind in der Wüste hingestreckt worden. Diese Dinge aber sind als Vorbilder für uns geschehen, damit wir nicht nach Bösem gierig sind, wie jene gierig waren. Werdet auch nicht Götzendiener wie einige von ihnen! wie geschrieben steht: »Das Volk setzte sich nieder, zu essen und zu trinken, und sie standen auf, zu spielen.« Auch lasst uns nicht Unzucht treiben, wie einige von ihnen Unzucht trieben, und es fielen an einem Tag 23 000. Lasst uns auch den Christus nicht versuchen, wie einige von ihnen ihn versuchten und von den Schlangen umgebracht wurden. Murrt auch nicht, wie einige von ihnen murrten und von dem Verderber umgebracht wurden! Alles dies aber widerfuhr jenen als Vorbild und ist geschrieben worden zur Ermahnung für uns, über die das Ende der Zeitalter gekommen ist. Daher, wer zu stehen meint, sehe zu, dass er nicht falle. Keine Versuchung hat euch ergriffen als nur eine menschliche; Gott aber ist treu, der nicht zulassen wird, dass ihr über euer Vermögen versucht werdet, sondern mit der Versuchung auch den Ausgang schaffen wird, so dass ihr sie ertragen könnt. Darum, meine Geliebten, flieht den Götzendienst! Ich rede als zu Verständigen. Beurteilt ihr, was ich sage! Der Kelch der Segnung, den wir segnen, ist er nicht die Gemeinschaft des Blutes des Christus? Das Brot, das wir brechen, ist es nicht die Gemeinschaft des Leibes des Christus? Denn ein Brot, ein Leib sind wir, die vielen, denn wir alle nehmen teil an dem einen Brot. Seht auf das Israel nach dem Fleisch! Sind nicht die, welche die Schlachtopfer essen, in Gemeinschaft mit dem Altar? Was sage ich nun? Dass das einem Götzen Geopferte etwas sei? Oder dass ein Götzenbild etwas sei? Nein, sondern dass das, was sie opfern, sie den Dämonen opfern und nicht Gott. Ich will aber nicht, dass ihr Gemeinschaft habt mit den Dämonen. Ihr könnt nicht des Herrn Kelch trinken und der Dämonen Kelch; ihr könnt nicht am Tisch des Herrn teilnehmen und am Tisch der Dämonen (1Kor 10,1–21).

Für Leute, die ewige Heilssicherheit ablehnen, sind diese Verse immer schon ergiebige Jagdgründe gewesen. Das Argument scheint einfach. Der Brief war an Gläubige gerichtet und schildert, wie das Volk Gottes in der Wüste in schwere Sünde fiel. Das hatte zur Folge, dass Gott sie umkommen ließ. Also können auch Gläubige heute ihre Errettung durch Sünde verlieren.

Der Trugschluss in diesem Argument ist, dass kein Unterschied gemacht wird zwischen der Züchtigung, die Gott *Seinem Volk in diesem Leben* widerfahren lässt und Seinem ewigen Gericht über *die Gottlosen nach dem Tod.* Wir wollen diesen Unterschied im Gedächtnis behalten und den Abschnitt im Licht dieser Erkenntnis noch einmal ansehen.

Die ersten vier Verse erzählen von den wunderbaren Privilegien, die das Volk genoss: göttliche Führung, Schutz, ein von Gott berufener Führer, verlässliche Versorgung mit Essen und Trinken. Aber je höher die Privilegien, desto größer die Verantwortung. Alle Soldaten von 20 Jahren aufwärts, die Ägypten verlassen hatten, starben in der Wüste, ausgenommen Josua und Kaleb. Das heißt aber *nicht*, dass alle, die gestorben sind, auch ewig verloren sind! Auf Mose, Aaron und Miriam traf das sicher nicht zu. Durch die Zucht Gottes hatten sie keinen Zutritt zum Land Kanaan, aber der Zutritt zum Himmel war ihnen deshalb nicht verwehrt.

Die Sünden der Israeliten sind in den Versen 6 – 10 aufgezählt – sie waren gierig nach den Fleischtöpfen Ägyptens, Götzendienst, Ehebruch und Hurerei, versuchten den Herrn und murrten über Ihn. Da diese Geschichte für uns als Vorbild und Warnung aufgeschrieben worden ist, könnte die Frage aufkommen: »Kann ein echter Gläubiger solche Sünden überhaupt begehen?«

Unglücklicherweise ist die Anwort: Ja! Ein Gläubiger kann jede Sünde begehen, vor der das Neue Testament ihn warnt. Und wenn er eine dieser Sünden nicht bekennt, wird das die Züchtigung des Herrn nach sich ziehen und er verliert den Segen des Herrn. Wenn das Leben eines Menschen von der Sünde beherrscht wird, wenn Sünde zu seinem gewohnten Lebensstil gehört, dann ist das ein Beweis, dass der Heilige Geist nie in ihm Wohnung genommen hat. Er ist nie wiedergeboren worden. Ein Christ kann eine hartnäckige Sünde haben, in die er oft fällt und die ihn quält, aber das ist ganz anders als willentlich ein sündiges Leben zu führen.

Niemand sollte von sich denken, dass er den Gipfel der Heiligkeit schon erreicht hat, oder dass er davor gefeit ist, in Sünde zu fallen. Bis er seine ewige Heimat im Himmel erreicht hat, ist er vor Versuchungen nicht sicher. Jeder Gläubige ist inneren und äußeren Versuchungen ausgesetzt. Aber ein hilfloses Opfer ist er nicht. Unser treuer Gott setzt der Versuchung eine Schranke und schafft einen Ausweg.

Der Rest des Kapitels ist an junge Gläubige gerichtet, die unvorsichtigerweise zögerten, ihre Verbindung zum Götzendienst abzubrechen. Nach seiner Aufforderung, den Götzendienst zu fliehen, führt er stichhaltige Gründe an, warum sie das tun sollten.

Es ist wichtig, dass wir zwischen dem Richten Gottes von Gläubigen und seinem Verurteilen von der Welt unterscheiden. Paulus zeigt diesen Unterschied in 1. Korinther 11,31–32.

> *Wenn wir uns aber selbst beurteilten, so würden wir nicht gerichtet. Wenn wir aber vom Herrn gerichtet werden, so werden wir gezüchtigt, damit wir nicht mit der Welt verurteilt werden.*

Bevor wir am Mahl des Herrn teilhaben, sollten wir alle Sünden unseres Lebens, die uns bewusst sind, bereinigen, indem wir sie bekennen und die Vergebung Gottes empfangen. Wenn wir das tun würden, dann würde uns der Herrn nicht richten. Über die Art dieses Gerichtes spricht der Vers 30 – Krankheit und sogar Tod. Das wird als Züchtigung des Herrn beschrieben, und ist eine Form der väterlichen Erziehung. Es ist besser, diese Züchtigung des Herrn zu ertragen als unter denen zu sein, die ewige Verdammnis erleiden. Wenn wir die Züchtigung des Herrn nicht erleben, sind wir keine Söhne, sondern Bastarde (Hebr 12,7–8). Vers 32 deutet nicht an, dass ein Gläubiger mit der Welt verdammt werden könnte. Vielmehr wird hier gezeigt, dass es nur zwei Möglichkeiten gibt: Züchtigung in der Gegenwart als das Los der wahren Gläubigen, oder Verdammnis mit der Welt als Los der Verlorenen.

Weitere Schriftstellen, die scheinbar die Verlierbarkeit des Heils lehren

In diesem Abschnitt wollen wir verschiedene andere Bibelstellen untersuchen, die manchmal dazu verwendet werden, die Sicht von der Verlierbarkeit des Heils zu stützen. Die meisten werden zwar nicht als wichtig für ihre Argumentation angesehen, aber es ist trotzdem nützlich, sie zu untersuchen und zu sehen, ob sie tatsächlich etwas zur Klärung beitragen.

Die erste Stelle ist Römer 11,22.

> *Sieh nun die Güte und die Strenge Gottes: gegen die, welche gefallen sind, Strenge; gegen dich aber Güte Gottes, wenn du an der Güte bleibst; sonst wirst auch du herausgeschnitten werden.*

Wenn man die abschließenden Worte dieses Verses – »sonst wirst auch du herausgeschnitten werden« – aus dem Zusammenhang herausnimmt, scheinen sie einen Beweis dafür zu bringen, dass ein Gläubiger nachträglich verloren gehen kann. Wenn wir aber unser Bibelstudium ernsthaft betreiben, müssen wir bei der Auslegung auf den Zusammenhang achten: Wer ist angesprochen und was ist mit »herausgeschnitten« gemeint?

Wir wollen sehen, welchen Gedankenfluss es in diesem Kapitel gibt. Der Gegenstand der Betrachtung ist die Zukunft Israels. In den ersten neun Versen lehrt Paulus, dass Gott Israel verstoßen hat, aber nicht vollständig. Der Apostel selbst ist ein Beweis dafür, dass Gott einen Überrest von gläubigen Israeliten aufbewahrt hat.

Die Verse 11 und 12 bestätigen den Fall Israels, erklären aber mit Gewissheit, dass er nicht endgültig ist. Das Volk wird wiederhergestellt werden. In der Zwischenzeit sind die Heiden in eine Stellung des Segens gebracht worden.

Es ist wichtig, den Zusammenhang im Gedächtnis zu behalten. Diese Verse waren *nicht an einzelne Christen* oder *an die Gemeinde* gerichtet. Paulus stellt das in Vers 13 klar: »Denn ich sage euch, den Nationen«. Mit dieser Aussage unterscheidet er klar zwischen Heiden und Juden und der Gemeinde Gottes (1Kor 10,32).

Nun benutzt er das Bild eines Ölbaums mit natürlichen Zweigen und außerdem mit wilden Ölzweigen. Der Stamm des Baumes ist *Gottes Segenslinie durch die Zeitalter.* Diese Erkenntnis ist sehr wichtig. Bei dem Stamm handelt es sich also nicht um Israel. Der Stamm ist der Platz, wo Gott den Menschen Vorrechte gibt. Israel, dargestellt durch die natürlichen Zweige, war in Gottes Handeln mit den Menschen an diesem bevorzugten Platz. Wegen ihres Unglaubens ist die Nation aber aus ihrer privilegierten Position »verstoßen« oder »herausgeschnitten« worden und die Heiden (wilde Ölbaumzweige) sind eingepfropft worden. Sie sind nun von Gott bevorzugt, man könnte sie als Gottes auserwählte Nation bezeichnen. Christus findet unter den Nationen mehr Glauben als unter dem Volk Israel (Mt 8,10; 15,28). In diesem Sinn stehen die Nationen durch den Glauben. Weil das jüdische Volk sich selbst des ewigen Lebens für unwürdig gehalten hat (Apg 13,46), hat Gott Sein Heil zu den Nationen gesandt (Apg 28,28).

Aber die Nationen sollten nicht meinen, dass ihre bevorzugte Stellung unauflösbar sei. Wenn sie nicht weiterhin eine relative Offenheit dem Wort Gottes gegenüber zeigen, werden sie herausgeschnitten werden. Das heißt nicht, dass einzelne errettete Heiden ihr Heil verlieren werden, sondern dass die Nationen als Gruppe ihre bevorzugte Stellung verlieren werden.

Wir wissen von anderen Schriftstellen, dass genau das eintreffen wird. Die wilden Ölbaumzweige (Heiden) werden herausgeschnitten werden und das gläubige Israel wird wieder in seine bevorzugte Stellung vor Gott eingesetzt.

Als Nächstes wenden wir uns einer Passage zu, die aus verschiedenen Gründen für Verwirrung sorgt. Wir haben schon an früherer Stelle in diesem Buch gesehen, dass das Wort *errettet* und seine verwandten Formen viele verschiedene Bedeutungen hat: Nicht immer ist ewige Errettung vor der Hölle gemeint. Auch das Wort *Verderben* kann verschiedene Bedeutungen haben, wie wir im Folgenden sehen werden:

> *Denn wenn dein Bruder wegen einer Speise betrübt wird, so wandelst du nicht mehr nach der Liebe. Verdirb nicht mit deiner Speise den, für den Christus gestorben ist! Lasst nun euer Gut nicht verlästert werden! Denn das Reich Gottes ist nicht Essen und Trinken, sondern Gerechtigkeit und Friede und Freude im Heiligen Geist. Denn wer in diesem dem Christus dient, ist Gott wohlgefällig und den Menschen bewährt. So lasst uns nun dem nachstreben, was dem Frieden, und dem, was der gegenseitigen Erbauung dient. Zerstöre nicht einer Speise wegen das Werk Gottes! Alles zwar ist rein, aber es ist böse für den Menschen, der mit Anstoß isst. Es ist gut, kein Fleisch zu essen, noch Wein zu trinken, noch etwas zu tun, woran dein Bruder sich stößt. Hast du Glauben? Habe ihn für dich selbst vor Gott! Glückselig, wer sich selbst nicht richtet in dem, was er gutheißt! Wer aber zweifelt, wenn er isst, der ist verurteilt, weil er es nicht aus Glauben tut. Alles aber, was nicht aus Glauben ist, ist Sünde* (Röm 14,15–23).

Zuerst wollen wir den roten Faden finden, der sich durch die Belehrung dieses Abschnittes zieht: Paulus beschäftigt sich hier mit *Angelegenheiten ohne moralische Wertigkeit*, Dinge, die an sich nicht gut oder böse sind, wie dem Essen von Fleisch und dem Beobachten von Tagen. Es gab im Hinblick auf dieses Thema zwischen Judenchristen und Heiden genügend Gegensätze, die für Zündstoff sorgen konnten. So unterweist der Apostel sie, dass ein Christ in diesen Dingen zwar Freiheit habe, diesen Spielraum aber nicht ausreizen solle, wenn ein anderer daran Anstoß nimmt. Wenn ein Bruder beim Essen von Schweinefleisch ein schlechtes Gewissen hat und es trotzdem isst, dann sündigt er, weil alles, was er nicht aus Glauben tut, Sünde ist.

Das Problem kommt mit dem Wort *verderben* oder *zerstören* in den Versen 15 und 20. »Verdirb nicht mit deiner Speise den, für den Christus gestorben ist« (Vers 15). »Zerstöre nicht einer Speise wegen das Werk Gottes« (Vers 20). Das bedeutet nicht, dass man ewiges Verderben über ihn bringt. Vielmehr heißt es, dass man ihn zu Fall bringt und seinen geistlichen Fortschritt behindert. Es heißt, dass man das Werk Gottes im Leben dieses Menschen zerstört. Der Mensch mit einem schwachen Gewissen verliert nicht sein Heil, aber sein geistliches Leben wird nachteilig beeinflusst.

Wir wenden uns noch einem anderen Vers zu, der von Arminianern manchmal zum Beweis ihrer Sache herangezogen wird.

> *Nicht dass wir über euren Glauben herrschen, sondern wir sind Mitarbeiter an eurer Freude; denn ihr steht durch den Glauben* (2Kor 1,24).

Besonders die letzten fünf Worte dieses Verses werden zitiert, um zu lehren, dass das Andauern der Errettung vom Andauern des Glaubens abhängt. Errettet sind wir nur, wenn wir fortfahren zu glauben.

Paulus sagt etwas ganz anderes. Er sprach zwar ganz offen zu den Korinthern, doch er versuchte nicht, ihr Leben zu bestimmen. Es kam ihm auf ihre Freude an. Was ihren Glauben anging, so standen sie fest. Nicht ihre Lehre machte seine Korrektur nötig, sondern ihr Verhalten. An unserem nächsten Textbeispiel sehen wir das deutlicher:

> *… dass, wenn ich wiederkomme, mein Gott mich vor euch demütigt und ich über viele trauern muss, die vorher gesündigt und nicht Buße getan haben über die Unreinheit und Unzucht und Ausschweifung, die sie getrieben haben. Zum dritten Mal komme ich jetzt zu euch: durch zweier oder dreier Zeugen Mund wird jede Sache festgestellt werden. Ich habe es im Voraus gesagt und sage es im Voraus, wie das zweite Mal anwesend, so auch jetzt abwesend, denen, die vorher gesündigt haben, und allen Übrigen, dass, wenn ich wiederkomme, ich nicht schonen werde. Denn ihr fordert ja einen Beweis dafür, dass Christus in mir redet, der gegen euch nicht schwach ist, sondern mächtig unter euch; denn er wurde zwar aus Schwachheit gekreuzigt, aber er lebt aus Gottes Kraft; denn auch wir sind schwach in ihm, aber wir werden mit ihm leben aus Gottes Kraft euch gegenüber. Prüft euch, ob ihr im Glauben seid, untersucht euch! Oder erkennt ihr euch selbst nicht, dass Jesus Christus in euch ist? Es sei denn, dass ihr etwa unbewährt seid* (2Kor 12,21 – 13,5).

Traurig genug, dass ein Gläubiger die drei Sünden begehen kann, die in Kapitel 12,21 erwähnt sind. Der Apostel sagt nicht, dass sie ewig verloren sind. Aber er kündigt ihnen an, dass er sie nicht schonen wird, wenn er nach Korinth kommt, sondern sie auf der Grundlage des Zeugnisses von zwei oder drei Zeugen züchtigen wird.

Als er das sagte, war ihm bewusst, dass bestimmte Lehrer einige Korinther dahingehend beeinflusst hatten, dass sie seine Apostelschaft in Zweifel zogen. »Denn ihr fordert ja einen Beweis dafür, dass Christus in mir redet ... prüft euch, ob ihr im Glauben seid.« (Beim zweiten Teil von Vers 3 und beim ganzen Vers 4 handelt es sich um einen Einschub.) Die *Korinther selbst* waren der Beweis, dass er ein Apostel war. Er war es, der sie zum Lamm Gottes geführt hatte (1Kor 9,2) und er hat ihnen als geistlicher Vater gedient. So sagt er: »Untersucht euch. Oder erkennt ihr euch selbst nicht, dass Jesus Christus in euch ist? Es sei denn, dass ihr etwa unbewährt seid. Ich hoffe jedoch, dass ihr erkennen werdet, dass wir nicht unbewährt sind« (Verse 5b–6). Wenn Christus nicht in ihnen ist, dann sind sie keine echten Gläubigen. Sie wussten aber, dass Christus in ihnen war, und dass es durch den Dienst von Paulus geschehen war. Also war er doch ein bewährter Apostel.

Als Nächstes wenden wir uns dem Brief von Paulus an die Galater zu. Darin setzt er sich mit einem anderen Problem auseinander – der Irrlehre der Errettung durch Werke:

> *Ihr seid von Christus abgetrennt, die ihr im Gesetz gerechtfertigt werden wollt; ihr seid aus der Gnade gefallen* (Gal 5,4).

Das war schon immer ein Lieblingsvers derer, die an die Verlierbarkeit des Heils glauben. Sie führen ihn als Beispiel an, um zu zeigen, dass ein Christ aus der Gnade fällt, wenn er sündigt und deshalb nicht länger errettet ist. Aber sagt der Abschnitt das wirklich?

Es ist eindeutig, dass der Apostel hier nicht zu Christen spricht. Der Ausdruck »die ihr im Gesetz gerechtfertigt werden wollt«, beweist, dass sie noch nie gerechtfertigt worden sind. Sie waren noch immer damit beschäftigt, die Rechtfertigung vor Gott zu erlangen. Aber sie suchten die Rechtfertigung mit falschen Mitteln. Sie suchten sie auf eine Art, mit der sie nie ans Ziel kommen würden, denn es ist unmöglich, durch das Halten des Gesetzes gerecht gesprochen zu werden. »Darum: aus Gesetzeswerken wird kein Fleisch vor ihm gerechtfertigt werden; denn durch Gesetz kommt Erkenntnis der Sünde« (Röm 3,20).

Wer die Rechtfertigung durch das Halten des Gesetzes erlangen will, hat sich von Christus abgetrennt. Das heißt nicht, dass sie vorher in Christus waren und dann von Ihm getrennt worden sind. Vielmehr heißt es, dass sie sich selbst von allem Nutzen abgeschnitten haben, den sie aus Christus ziehen könnten. Sie müssen sich entscheiden, ob sie den Herrn oder das Gesetz wählen. Das Ergreifen einer Sache schneidet den Menschen automatisch von der anderen ab. Es gibt nur das eine oder das andere; beides gleichzeitig ist unmöglich. Entweder wird man völlig durch Christus gerettet, oder gar nicht.

Manch einer könnte sich darüber wundern, dass Paulus hier unerrettete Menschen anspricht, wo doch der Brief angeblich für Christen geschrieben wurde. Der Apostel war ein Realist. Er wusste, dass in vielen – wenn nicht in den meisten – Gemeinden wahre Gläubige und Menschen, die niemals wiedergeboren worden waren, eine Mischung bilden.

Das galt besonders für die Gemeinden in Galatien; sie sind von Irrlehrern unterwandert worden, die ein falsches Evangelium verkündeten. So zögerte er nicht, Ungläubige in seine Leserschaft mit einzubeziehen.

Unser nächster Vers, Epheser 3,17, wird von den Befürwortern der Verlierbarkeit des Heils in ähnlicher Weise verwendet, wie der oben besprochene Vers 2. Korinther 1,24.

> *Dass der Christus durch den Glauben in euren Herzen wohne …* (Eph 3,17a).

Die, wird fälschlich so verstanden, dass Christus nur so lange in unseren Herzen wohnt, als wir fortfahren zu glauben. Das ist ein zweifacher Trugschluss.

Erstens geht Christus nie mehr weg, sobald Er im Leben eines Gläubigen Wohnung[39] genommen hat. Er hat versprochen: »Ich will dich nicht aufgeben und dich nicht verlassen« (Hebr 13,5b). Und nochmals: »... Und siehe, ich bin bei euch alle Tage bis zur Vollendung des Zeitalters« (Mt 28,20).

Zweitens ist der Bibel die Vorstellung fremd, dass ein wahrer Christ beschließen könnte, mit dem Glauben aufzuhören. Wir sind aus Glauben errettet und wir leben durch Glauben (Gal 5,20). Derselbe, der uns bedingungslos ewiges Leben schenkt, garantiert auch dafür zu sorgen, dass wir uns in Ewigkeit daran freuen werden.

Wenn unser Heil von unserer treuen Fortsetzung abhängen würde, hätte es keinen Wert. Wenn es jedoch von Gott alleine abhängt, ist es vollkommen gewiss.

In den Briefen an Timotheus tauchen einige Passagen auf, in denen Paulus Timotheus Anweisungen über die Gefahr von verkehrter Lebensweise und falscher Lehre gibt. Welche Gefahren waren das im Einzelnen? Sehen wir nach:

> *Wenn aber jemand für die Seinen und besonders für die Hausgenossen nicht sorgt, so hat er den Glauben verleugnet und ist schlechter als ein Ungläubiger* (1Tim 5,8).

Gibt es in einer Versammlung Witwen, die versorgt werden müssen, dann fällt diese Verantwortung zuerst an die Mitglieder ihres eigenen Haushalts oder an ihre Verwandten. Lehnt es jemand ab, eine verwitwete Verwandte zu unterstützen, dann hat er seinen Glauben verleugnet und ist schlechter als ein Ungläubiger. In welchem Sinn hat er den Glauben verleugnet? Er hat in einer Weise gehandelt, die allem widerspricht, was der christliche Glaube lehrt. Es sagt nicht, dass er seinen eigenen Glauben an den

Herrn Jesus aufgegeben hat. Er hat versäumt, anderen Liebe und Mitgefühl entgegenzubringen, er war selbstsüchtig.

In welcher Hinsicht ist er schlechter als ein Ungläubiger? In diesem erwähnten Fall: Gewöhnlich kümmern sich Ungläubige um die Ihren, wenn sie in Not sind. Sie zeigen eine menschlichere Haltung als dieser verantwortungslose Christ.

Mit der Rettung des Gläubigen hat dieser Vers nichts zu tun. Es gibt keinen Anhaltspunkt, dass er sein Heil verlieren könnte, weil er es versäumt, seine verwitwete Mutter zu unterstützen. Aber die scharfe Zurechtweisung von Paulus sollte ihn wachrütteln, damit er seiner Verantwortung nachkommt.

> *Die aber reich werden wollen, fallen in Versuchung und Fallstrick und in viele unvernünftige und schädliche Begierden, welche die Menschen in Verderben und Untergang versenken. Denn eine Wurzel alles Bösen ist die Geldliebe, nach der einige getrachtet haben und von dem Glauben abgeirrt sind und sich selbst mit vielen Schmerzen durchbohrt haben. Du aber, o Mensch Gottes, fliehe diese Dinge; strebe aber nach Gerechtigkeit, Gottseligkeit, Glauben, Liebe, Ausharren, Sanftmut! Kämpfe den guten Kampf des Glaubens; ergreife das ewige Leben, zu dem du berufen worden bist und bekannt hast das gute Bekenntnis vor vielen Zeugen* (1Tim 6,9–12)!

Paulus warnt Timotheus vor der Geldliebe, denn wer sich Reichtum wünscht, der wird den Begierden erliegen und in Untergang und Verderben hinabgezogen werden. Die letzten Worte des Satzes meinen *nicht* den Verlust des Lebens, sondern den Verlust des *Wohl*lebens. Dass ein solcher Lebensinhalt zum Schiffbruch führen würde, war vorprogrammiert. Für einen Gläubigen kann das den Verlust von Familie, Geld, Heim und Zeugnis bedeuten. Es könnte genauso bedeuten, dass er wegen illegaler Geschäfte, Bestechung, Unterschlagung und Diebstahl ins Gefängnis muss.

Manch einer irrt wegen der Geldliebe vom Glauben ab. Er fällt in Sünde, verlässt den geraden Weg der Heiligung, um im Sumpf der Sünde herumzuirren. Er leugnet zwar nicht die Fundamente des christlichen Glaubens, aber er lebt in einer Art, die des Evangeliums unwürdig ist. Mag sein, dass er noch Glauben hat, aber doch nicht im Glauben wandelt wie er es tun sollte.

Der junge Timotheus sollte nicht ein Bild solcher Widersprüche abgeben, sondern der Lehre durch sein Verhalten alle Ehre machen. Er sollte das ewige Leben ergreifen, indem er sich »alle Segnungen, Vorrechte und Verantwortungen aneignet, die mit dem Besitz ewigen Lebens einhergehen« (W.E. Vine).

Es gibt in Vers 12 nichts, das darauf hinweist, dass Timotheus das ewige Leben durch Charakterfestigkeit oder Werke ergreifen könnte. Ewiges Leben hatte er schon, wurde aber ermutigt, sich hier und jetzt in vollem Ausmaß daran zu erfreuen.

> *Den Reichen in dem gegenwärtigen Zeitlauf gebiete, nicht hochmütig zu sein, noch auf die Ungewissheit des Reichtums Hoffnung zu setzen – sondern auf Gott, der uns alles reichlich darreicht zum Genuss – Gutes zu tun, reich zu sein in guten Werken, freigebig zu sein, mitteilsam, indem sie sich selbst eine gute Grundlage auf die Zukunft sammeln, um das wirkliche Leben zu ergreifen* (1Tim 6,17–19).

Wohlhabende Christen werden hier unterwiesen, das ewige Leben zu ergreifen, indem sie Gutes tun und reich sind an guten Werken und nicht ihr Geld horten. »Bereitschaft zum Geben, Wille zum Teilen«. Das ist keine Errettung aus Werken, sondern Werke als Frucht der Errettung.

> *O Timotheus, bewahre das anvertraute Gut, indem du die unheiligen leeren Reden und Einwände der fälschlich so genannten Erkenntnis meidest, zu der sich einige bekennen und von dem Glauben abgeirrt sind* (1Tim 6,20–21a)!

Erneut geht Paulus zu dem Vergleich des Abirrens vom Glauben zurück. Einige der Christen in Ephesus waren unheiligen und leeren Reden und Einwänden auf den Leim gegangen und hielten das fälschlicherweise für Erkenntnis. Wenn man sich mit gottlosem Geschwätz beschäftigt und mit den widersprüchlichen Lehren, die sich großspurig für Erkenntnis ausgeben, dann verfehlt man das Ziel und irrt, was den Glauben betrifft. Auch hier geht es nicht um die Frage der ewigen Heilssicherheit, sondern darum, dass jemand von Grundlagen des Glaubens abgelenkt wird und sich nur mit Nebensächlichkeiten beschäftigt.

> *Die jugendlichen Begierden aber fliehe, strebe aber nach Gerechtigkeit, Glauben, Liebe, Frieden mit denen, die den Herrn aus reinem Herzen anrufen! Aber die törichten und ungereimten Streitfragen weise ab, da du weißt, dass sie Streitigkeiten erzeugen! Ein Knecht des Herrn aber soll nicht streiten, sondern gegen alle milde sein, lehrfähig, duldsam, und die Widersacher in Sanftmut zurechtweisen und hoffen, ob ihnen Gott nicht etwa Buße gebe zur Erkenntnis der Wahrheit und sie wieder aus dem Fallstrick des Teufels heraus nüchtern werden, nachdem sie von ihm gefangen worden sind für seinen Willen* (2Tim 2,22–26).

Angeblich zeigen die Verse 25 und 26, dass errettete Menschen ihr Heil verlieren können, wenn sie in eine Falle Satans tappen. Steht das wirklich so da? Dieser Abschnitt unterrichtet Timotheus, wie er mit Leuten umgehen soll, die dumme und unpassende Streitfragen in die Versammlung hinein tragen. Sie sind Handlanger Satans, die Zwietracht und Uneinigkeit erzeugen. Timotheus sollte mit ihnen geduldig, demütig und gnädig umgehen. Es bestand Hoffnung, dass sie über ihre penetrante Dummheit Buße tun und in den strittigen Fragen die Wahrheit anerkennen würden. Im Nachhinein werden sie erkennen, dass sie als Agenten Satans gehandelt und ihn in seiner bösen Absicht unterstützt haben, unter dem Volk Gottes Uneinigkeit zu stiften.

Auch hier gibt es keinen Beweis, dass errettete Menschen verloren gehen können, aber es wird gezeigt, dass sie Streit über Nebensächlichkeiten vom Zaun brechen können und damit die Ziele Satans unterstützen.

Jakobus hat seinen Brief an Leser gerichtet, die sich zum Glauben bekannt haben. Unglücklicherweise haben viele von ihnen ein Leben gelebt, das die Echtheit ihres Glaubens fragwürdig machte. Es überrascht deshalb nicht, dass der Brief von Jakobus einige scharfe Zurechtweisungen enthält:

> *Glückselig der Mann, der die Versuchung erduldet! Denn nachdem er bewährt ist, wird er den Siegeskranz des Lebens empfangen, den der Herr denen verheißen hat, die ihn lieben. Niemand sage, wenn er versucht wird: Ich werde von Gott versucht. Denn Gott kann nicht versucht werden vom Bösen, er selbst aber versucht niemand. Ein jeder aber wird versucht, wenn er von seiner eigenen Begierde fortgezogen und gelockt wird. Danach, wenn die Begierde empfangen hat, bringt sie Sünde hervor; die Sünde aber, wenn sie vollendet ist, gebiert den Tod* (Jak 1,12–15).

Im Vers 12 könnte Jakobus sowohl von *heiliger Erprobung* als auch von *unheiliger Versuchung* sprechen. In der Originalsprache handelt es sich um dasselbe Wort. Wer sich bewährt, wird mit dem Siegeskranz des Lebens belohnt, nicht mit ewigem Leben. Es geht hier um Lohn, nicht um Errettung.

Die Verse 13–15 sprechen eindeutig von Versuchungen zum Bösen. Sie haben ihren Ursprung nicht in Gott, sondern in der gefallenen Natur des Menschen.

Jakobus vergleicht den Lauf der Sünde mit dem menschlichen Leben – Empfängnis, Geburt, Wachstum und schließlich der Tod. Er deutet an, dass ein Christ jedesmal stirbt, wenn er sündigt. Hat nicht Jesus versprochen, dass der nicht stirbt, der das Brot isst, das vom Himmel herabgekommen ist (Joh 6,50), dass der niemals stirbt, der an Ihn glaubt (Joh 11,26)?

Jakobus wusste ganz gut, dass ein Mensch gläubig sein und doch sündigen kann. Warum warnte er dann davor, dass die Sünde möglicherweise im Tod endet? Er tat das, um seine Leser an die Ungeheuerlichkeit der Sünde zu erinnern. Die Folge der Sünden von wahren Gläubigen war der Tod ihres göttlichen Stellvertreters. In Ihm starben sie in dem Augenblick, als sie sich Christus anvertrauten. Die Folge der Sünden von Menschen ohne Beziehung zu Christus wird der ewige Tod sein. Der Tod ist also in jedem Fall der Lohn der Sünde (Röm 6,23); entweder ist es der Tod eines Stellvertreters oder der Tod des Sünders.

Wenn jemand das Heil für sich in Anspruch nimmt, sein Leben aber von Sünde beherrscht wird, zeigt er, dass sein Bekenntnis eine Lüge ist. Er war nie zuvor wirklich gläubig und wenn er nicht Buße tut und an Christus glaubt, ist sein Schicksal besiegelt.

> *Ihr Ehebrecherinnen, wisst ihr nicht, dass die Freundschaft der Welt Feindschaft gegen Gott ist? Wer nun ein Freund der Welt sein will, erweist sich als Feind Gottes. Oder meint ihr, dass die Schrift umsonst rede: »Eifersüchtig sehnt er sich nach dem Geist, den er in uns wohnen ließ«? Er gibt aber desto größere Gnade. Deshalb spricht er: »Gott widersteht den Hochmütigen, den Demütigen aber gibt er Gnade.« Unterwerft euch nun Gott! Widersteht aber dem Teufel! Und er wird von euch fliehen. Naht euch Gott! Und er wird sich euch nahen. Säubert die Hände, ihr Sünder, und reinigt die Herzen, ihr Wankelmütigen! Fühlt euer Elend und trauert und weint; euer Lachen verwandle sich in Traurigkeit und eure Freude in Niedergeschlagenheit! Demütigt euch vor dem Herrn! Und er wird euch erhöhen* (Jak 4,4–10).

Hier drängt sich die Frage auf: »Zu wem redet Jakobus hier, sind es Christen oder Ungläubige?« Die Antwort ist, dass er sich hier bewusst zweideutig ausdrückt. Jakobus sagt immer: »Zeig es mir«. Gibt jemand vor zu glauben, dann will er dafür Beweise sehen, denn »Glaube ohne Werke ist tot« (2,26).

Ist es möglich, dass er echte Gläubige als Ehebrecherinnen anspricht? Es könnte gut sein. Manchmal sind klare Worte nötig, um Menschen wachzurütteln. Ich erinnere mich an eine Ansprache von Dr. Donald Grey Barnhouse vor Christen in Chicago. Er sprach über die Zustände in der Stadt und ließ ein Donnerwetter los: »Und wer trägt die Verantwortung? Ihr seid das, Ihr gottlosen Fundamentalisten!« Er benutzte diese wirksame Übertreibung, um die schockierten Zuhörer in Bewegung zu bringen.

Jakobus warnt die Menschen hier vor Freundschaft mit der Welt.

Freundschaft mit der Welt ist Feindschaft gegen Gott. Hier soll sich der angesprochen fühlen, auf den das zutrifft.

Der Vers 5 ist schwierig zu verstehen. Ich will zwei gebräuchliche Auslegungsmöglichkeiten nennen.

1. Bist du der Meinung, dass der innewohnende Heilige Geist sich jemals die Freundschaft der Welt wünscht, oder dass Er sie gutheißt?

2. Bist du der Meinung, die Heilige Schrift sage vergeblich, der Heilige Geist sei eifersüchtig darauf bedacht, dass unsere Hingabe an den Herrn ungeteilt ist? (Es gibt zwar keinen Vers in der Bibel, der das ausdrücklich feststellt, zweifellos ist es aber der Grundtenor der Schrift.)

Egal, welche der Erklärungen man vorzieht, keine bezieht sich auf die der ewigen Sicherheit. Tatsache ist, dass wir als Gläubige von der Welt mehr angezogen und beeinflusst werden, als wir uns eingestehen. Wenn eine bestimmte Linie überschritten wird, gehört ein Mensch zu denen, die die Welt lieben. Wo diese Linie verläuft, weiß niemand. Christen sollten sich jedenfalls so weit davon entfernt halten wie nur möglich.

Gott ist in den geistlichen Kämpfen des Lebens denen gnädig, die nicht arrogant sind oder sich auf die eigene Kraft verlassen. Wir sollten uns Gott unterwerfen und zum Teufel »Nein« sagen. Wenn wir in Gemeinschaft mit dem Herrn vorwärts gehen, können wir uns Seiner besonderen Nähe gewiss sein.

In Vers 8b spricht Jakobus seine Leser als Sünder und Wankelmütige an. Kann das auf wahre Kinder Gottes zutreffen? Ja! Sünder sind hier Leute, deren Hände gesäubert gehören und die Wankelmütigen sind Leute, deren Herzen gereinigt werden müssen. Können Christen schuldig werden, indem sie unreine Handlungen vollziehen und unlautere Motive haben? Ja. Damit stimmt die Bezeichnung!

Die zwei letzten Verse beschreiben aufrichtige Umkehr und Zerbruch. Sie leiten zu geistlicher Erneuerung. Als Nächstes wenden wir uns dem ersten Brief von Petrus zu. Er beschreibt die Treue des Herrn uns gegenüber und unsere Verantwortung Ihm gegenüber so:

> *... die ihr in der Kraft Gottes durch Glauben bewahrt werdet zur Rettung, die bereit steht, in der letzten Zeit geoffenbart zu werden. Darin jubelt ihr, die ihr jetzt eine kleine Zeit, wenn es nötig ist, in mancherlei Versuchungen betrübt worden seid, damit die Bewährung eures Glaubens viel kostbarer befunden wird als die des vergänglichen Goldes, das durch Feuer erprobt wird, zu Lob und Herrlichkeit und Ehre in der Offenbarung Jesu Christi; den ihr liebt, obgleich ihr ihn nicht gesehen habt; an den ihr glaubt, obwohl ihr ihn jetzt nicht seht, über den ihr mit unaussprechlicher und verherrlichter Freude jubelt; und so erlangt ihr das Ziel eures Glaubens: die Rettung der Seelen. ... Deshalb umgürtet die Lenden eurer Gesinnung, seid nüchtern und hofft völlig auf die Gnade, die euch gebracht wird in der Offenbarung Jesu Christi* (1Petr 1,5–9.13)!

Dieser Abschnitt enthält ein starkes Argument für die ewige Sicherheit des Gläubigen. Ohne Bedingungen wird uns ein herrliches Erbe zugesichert, das für uns aufbewahrt ist und für das wir bewahrt werden. Wer jedoch an die Verlierbarkeit des Heils glaubt, verweist auf den Ausdruck »die ihr in der Kraft Gottes bewahrt werdet zur Rettung« und argumentiert, dass wir nur so lange bewahrt werden, wie wir fortfahren zu glauben. Wie lautet die Antwort?

Die Vorstellung, dass es einen wahren Gläubigen geben könnte, der mit dem Glauben aufhört, ist rein hypothetisch. Die Bibel kennt diesen Fall nicht. Es ist undenkbar, dass jemand, in dem Christus wohnt, Ihn hinauswerfen kann oder will.

Sobald ein Mensch errettet wird, ist der Heiland für ihn in jeder Hinsicht verantwortlich. Er garantiert, dass er nicht verloren gehen wird. Es kann Zeiten der Depression geben oder einen Nervenzusammenbruch, einem Kind Gottes könnten Zweifel an seiner Errettung kommen – welch ein Trost, dann zu wissen, dass er dennoch von der mächtigen Hand Jesu getragen wird.

Zu unserer Errettung tragen wir durch Glauben nichts bei. Glaube ist lediglich die leere Hand, die entgegennimmt, was Gott uns gibt. Wir sind durch Glauben errettet und wir leben durch Glauben (Gal 2,20). Glauben verdient nicht die Rettung. Christus hat die Rettung verdient, an den wir glauben. Deshalb akzeptieren wir im Glauben die Tatsache, dass wir durch die Kraft Gottes aufbewahrt werden bis zu unserer zukünftigen Errettung, der vollständigen Rettung im Himmel von der Gegenwart der Sünde.

Inzwischen ist die Echtheit unseres Glaubens Erprobungen ausgesetzt. Nicht wir selbst werden im Feuer geprüft, sondern unser Glaube. Wenn er sich als echt erweist, wird dadurch der Herr Jesus gepriesen, geehrt und verherrlicht und es ist auch gut für uns.

Wir haben Ihn noch nicht gesehen, aber der Glaube macht Ihn uns zur Wirklichkeit und wir lieben Ihn. Überströmende Freude erfüllt uns, wenn wir das Ziel unseres Glaubens erreichen, die Errettung unserer Seelen.

Im Vers 13 wird das Wort »Hoffnung« von Arminianern benutzt, um die ewige Sicherheit in Zweifel zu ziehen. Auch hier ist eine Definition unerlässlich. Die Hoffnung des Christen ist die Gnade, die er bei der Offenbarung Jesu Christi erhält, mit anderen Worten, er hofft auf die Verherrlichung. Die Hoffnung auf dieses Ereignis beinhaltet keinen Zweifel und keine Unsicherheit. Sie gründet sich auf das unfehlbare Wort Gottes und ist deshalb so sicher, als hätte es schon stattgefunden.

Abschließend sehen wir uns noch zwei Bibelstellen an mit Warnungen an Menschen, die das Wort Gottes verdrehen:

> *… wie auch in allen Briefen, wenn er in ihnen von diesen Dingen redet. In diesen Briefen ist einiges schwer zu verstehen, was die Unwissenden und Ungefestigten verdrehen wie auch die übrigen Schriften zu ihrem eigenen Verderben. Da ihr, Geliebte, es nun vorher wisst, so hütet euch, dass ihr nicht durch den Irrwahn der Ruchlosen mitfortgerissen werdet und aus eurer eigenen Festigkeit fallt* (2Petr 3,16–17)!

Petrus beschreibt Leute, die Bibelstellen über wichtige Lehren der Bibel verdrehen, um *ihre* eigene Meinung zu unterstützten. Es ist eine bewusste Verzerrung des Wortes Gottes, solche Irrtümer zu lehren und sie werden im Verderben enden.

Gläubige werden vor jedem gewarnt, der mit der Bibel so umgeht, damit ihre feste Grundlage im Glauben nicht etwa erschüttert wird und sie sich mit Irrlehren verunreinigen. Der Gedanke an Christen, die ihr Heil verlieren könnten, kommt hier nicht vor. Es ist möglich, dass der Glaube verfälscht wird, ohne dass man vom Glauben an den Herrn abfällt.

> *Ich bezeuge jedem, der die Worte der Weissagung dieses Buches hört: Wenn jemand zu diesen Dingen hinzufügt, so wird Gott ihm die Plagen hinzufügen, die in diesem Buch geschrieben sind; und wenn jemand von den Worten des Buches dieser Weissagung wegnimmt, so wird Gott seinen Teil wegnehmen von dem Baum des Lebens und aus der heiligen Stadt, von denen in diesem Buch geschrieben ist* (Offb 22,18–19).

Es ist eine ernste Angelegenheit, das Wort Gottes zu verdrehen, egal ob man etwas hinzufügt oder etwas weglässt. Wer das tut gibt vor, es besser zu wissen als Gott. Er ist ein arroganter Ungläubiger.

Wird der Schrift etwas hinzugefügt, dann werden dem Schuldigen zur Strafe Plagen hinzugefügt werden. Wird von der Schrift etwas weggenommen, dann wird dem Schuldigen sein Anteil am Baum des Lebens, von der Heiligen Stadt und den in der Bibel beschriebenen Segnungen weggenommen werden.

Jeder kann am Baum des Lebens teilhaben, wenn er seine Sünden bereut und Christus als seinen Herrn und Retter annimmt, aber der haarsträubende Unglaube, der die Heiligen Schriften ändern will, schließt ihn vom Zugang zu seinem Anteil aus. Er kann seinen Anteil nicht in Anspruch nehmen. Er wird ihm weggenommen. Vers 19 beschreibt niemanden, der angeblich Christ ist, dann aber mit dem Glauben aufhört, sondern einen ausgekochten Ungläubigen, der die Inspiration und Unfehlbarkeit der Bibel leugnet.

Wie lautet die Antwort?

In einem Punkt sind sich beide Seiten bei der Frage der Sicherheit einig. Sie haben ein gemeinsames Anliegen für die vielen Menschen, die behaupten, echte Christen zu sein und doch in Sünde leben. Es schmerzt sie, wenn sie solche Menschen sehen, durch die der Name der Herrn Jesus verunehrt wird. Statt ein gutes Beispiel geben solche Leute ein abschreckendes Beispiel ab. Beide Seiten zeigen auf die schlechten Früchte von oberflächlichen Bekehrungen, von Leuten mit leerem Bekenntnis und die Folgen dessen, was manchmal »billige Gnade« genannt wird.

So werden Kinder gefühlsmäßig unter Druck gesetzt, um »ihre Herzenstür für Jesus aufzumachen«, doch später leben sie in Drogen, Alkohol und Unmoral. Bei all dem wird ihnen von ihren gläubigen Eltern versichert, dass sie errettet worden sind, als sie klein waren. Und einige derselben Eltern reagieren sehr heftig, wenn man das Gegenteil auch nur andeutet.

Verbrecher werden »errettet«, aber sie kehren zu ihrem Leben in der Unterwelt zurück. Die Medien berichten von der Bekehrung von Schauspielern; diese Stars brechen jedoch nie wirklich mit der Filmwelt, in der es um Gewalt und Sex geht. Die Namen von Fernsehpredigern prangen in den Schlagzeilen, wenn sie als Frauenhelden und Betrüger entlarvt werden. Die Evangelikalen sind begeistert, wenn ein Politiker von sich behauptet, wiedergeboren zu sein, die Ernüchterung folgt jedoch auf dem Fuß, wenn seine öffentlichen Äußerungen von Gotteslästerung durchdrungen sind.

Eine große Welle von äußerem Bekenntnis hat das Land (USA) überschwemmt. Es ist (in Amerika) »in«, wenn man als Christ bekannt ist. Manchmal ist es für einen Geschäftsmann von Vorteil, mit diesem Etikett aufzutreten. In der Politik profitiert man, weil so ein Bekenntnis Wählerstimmen bringt. Das Christentum ist zu einem Reich von religiösem Wirrwarr geworden. Wer um die Ehre des Herrn besorgt ist, ist verlegen und beschämt darüber.

Obwohl diejenigen, die an die Unverlierbarkeit des Heils glauben, und jene, die Verlierbarkeit des Heils für richtig halten, in ihrer Missbilligung der oberflächlichen Lebensweise der angeblichen Christen übereinstimmen, gibt es doch eine unterschiedliche Beurteilung der Situation. Vertreter der Verlierbarkeit des Heils sagen, dass solche Menschen errettet gewesen sind, ihr Heil jedoch verloren haben. Die anderen sagen, dass sie noch nie errettet waren. Sie hatten nichts als ein äußerliches Bekenntnis.

Die Aufgabe dieses Buches war es zu zeigen, dass ein echter Gläubiger ewige Sicherheit genießt und dass eine gegenteilige Ansicht aus folgenden Gründen ein Trugschluss ist:

Sie ist *unbiblisch.* In der Bibel findet sich keine Aussage, die recht verstanden die Annahme zulässt, dass ein wahres Schaf Christi jemals wieder verloren gehen kann. Nicht ein einziger Vers lehrt, dass ein gerechtfertigter Mensch schließlich doch nicht verherrlicht wird. Das durchgehende Zeugnis von Gottes Wort ist, dass jemand, der wirklich wiedergeboren ist, auch auf ewig gerettet ist.

Sie definiert *ewig* neu und sagt, dass es sich um etwas handelt, das weniger ist als ewig.

Sie verrät ein falsches Verständnis des Begriffes *Gnade.* Diese Ansicht erkennt nicht, dass Errettung völlig unverdient ist, ein bedingungsloses Geschenk und dass sie, einmal gegeben, nicht mehr zurückgefordert wird.

Sie besteht darauf, dass das Werk Christi am Kreuz nicht genügt, dass der Mensch seinen Teil durch Festhalten, Ausharren und Überwinden beitragen muss. Das bedeutet, dass letztendlich Errettung genauso von menschlicher Kraft abhängt wie von der Macht Christi. Sie macht den Menschen zum Mit-Erretter. Das ist ein fataler Irrtum. Der Herr Jesus ist der *alleinige* Retter und Er würde diese Ehre mit keinem Geschöpf teilen!

Sie versucht, *Gnade und Werke zu vermischen,* was von Gott selbst als unmöglich bezeichnet wird.

Es scheint offensichtlich zu sein, dass der Mensch seine Errettung genauso wenig aus eigener Kraft festhalten kann, wie er anfänglich auch nicht in der Lage war, sich selbst zu retten.

Sie lässt die Möglichkeit offen, dass ein Mensch *wiederholt* wiedergeboren wird. Der Bibel ist eine solche Idee fremd.

Sie leugnet, dass die endgültige Errettung in einem bestimmten Augenblick stattfindet, indem sie darauf besteht, dass Rettung ein andauernder Prozess ist, bei dem der Mensch bestimmte Bedingungen erfüllen muss. Das widerspricht dem Wort Jesu in Johannes 10,9: »Ich bin die Tür; wenn jemand durch mich hineingeht, so wird er errettet werden und wird ein- und ausgehen und Weide finden.« Wir müssen nur einmal durch diese Tür eintreten.

Sie macht es jedermann unmöglich, Heilssicherheit zu haben und vergisst dabei, dass die Apostel diese Sicherheit hatten und ebenso die Gläubigen, an die sie geschrieben haben.

Sie öffnet der Prahlerei im Himmel Tür und Tor. Die Leute dort könnten sich wegen ihrer Treue und Ausdauer auf die Schulter klopfen. Errettung aus Gnade durch Glauben schließt jede Prahlerei aus.

Verlierbarkeit des Heils ist gewogen und für zu leicht befunden worden. Das übereinstimmende Zeugnis der Bibel lautet: Ewig errettet, hier und auch dort!

	Unverlierbarkeit des Heils	Verlierbarkeit des Heils
Das Evangelium	Glaube an den Herrn Jesus Christus und du wirst errettet werden (Apg 16,31).	Glaube an den Herrn Jesus Christus und du wirst errettet werden (Apg 16,31).
Errettung	Ein sofortiges, vollkommenes Werk Gottes, das ewige Folgen hat, wenn ein Sünder Buße tut und glaubt.	Kein punktuelles Geschehen, sondern ein andauernder Prozess des Glaubens des Christen und ein Fernhalten von Sünde.
Glaube	Sobald ein Mensch wirklich an Christus glaubt, wird er niemals mehr mit dem Glauben aufhören.	Ein Gläubiger kann sich dafür entscheiden, dass er nicht länger glauben möchte.
Sünde	Jede Sünde unterbricht die Gemeinschaft mit Gott, nicht aber die Beziehung. Wenn das Leben eines Menschen von Sünde beherrscht wird, weist das darauf hin, dass er nie errettet war.	Sünde, wenn sie ernst und andauernd ist, kann die Beziehung zu Gott unterbrechen. Ein Christ, der sündigt, verliert seine Errettung (Art und Ausmaß der Sünde sind nicht klar definiert.)
Sühnung	Der Tod Christi war die Sühnung für alle Sünden des Gläubigen – die vergangenen, die gegenwärtigen und die zukünftigen.	Scheint anzudeuten, dass der Tod Christi die Sühnung für die Sünden eines Gläubigen bis zur Gegenwart war.

	Unverlierbarkeit des Heils	**Verlierbarkeit des Heils**
Werke	Werke haben beim Erlangen der Errettung keinen Anteil. Werke sind die Frucht des Heils, nicht ihre Wurzel.	Die Errettung geschieht nicht aus Werken, aber ein Gläubiger muss festhalten, ausharren und überwinden und den Befehlen des Herrn gehorchen. Er muss die Herrschaft des Herrn in jedem Lebensbereich anerkennen.
Sicherheit	Die Errettung ist sicher, weil sie ein Geschenk ist, weil Christus das Erlösungswerk vollendet hat und weil der Gläubige in dem Geliebten angenommen und vollkommen gemacht ist.	Endgültige Sicherheit ist nicht möglich, weil ein Mensch nie wissen kann, ob er bis zum Ende durchhalten wird.
Motiv für ein geheiligtes Leben	Ist jemand errettet, dann hat er kein Bedürfnis zu sündigen. Gott hat es aus seinem Leben entfernt und durch den Wunsch ersetzt, dem Herrn in allen Dingen zu gefallen. Sein Beweggrund ist Liebe zum Herrn, der für ihn gestorben ist – ein viel stärkeres Motiv als Furcht.	Wenn sich ein Gläubiger seiner ewigen Errettung sicher wäre, dann könnte er hingehen und so viel sündigen wie er will. Diese Lehre führt zu einem sorglosen Leben. Gläubige müssen durch Furcht vor dem Verlust der Errettung bei der Stange gehalten werden.

Fußnoten

1 Calvinisten sind Anhänger des gebürtigen Franzosen Johannes Calvin (1509–1564). Er wurde der Führer der Reformationsbewegung in der Schweiz und betonte sehr die Souveränität Gottes.

2 Unter dem Ausharren der Gläubigen versteht man nicht, dass sie durch Ausharren errettet werden, sondern dass sie ans Ziel kommen werden, wenn sie wirklich errettet sind. Wenn jemand sagt: »Es wäre für mich vermessen, zu sagen, dass ich errettet bin«, dann zeigt das, dass er sich vollständig oder teilweise auf seine Leistung verlässt. Wenn Gott sagt, dass jeder, der den Sohn hat, auch das Leben hat (1Jo 5,12), dann ist es für einen Gläubigen nicht vermessen, das zu sagen. Es zu leugnen bedeutet, Gott zum Lügner zu machen.

3 Arminianer sind im Gegensatz dazu Anhänger der Lehren des holländischen Theologen Jacobus Arminius (1560–1609). Er betonte bei der Frage der Errettung hauptsächlich den freien Willen des Menschen.

4 Wie im Spanischen, Französischen und Lateinischen verwendet der Originaltext Hauptworte und Eigenschaftsworte, die männlich, weiblich oder (im Griechischen) sächlich sind. Die Worte für *Gnade* und *Glauben* sind im Griechischen weiblich. Wenn Paulus auf diese Worte Bezug nehmen wollte, hätte er die weibliche Form benutzt. Er hat aber die sächliche Form gebraucht, die sich auf den ganzen Satzteil bezieht: *aus Gnade seid ihr errettet worden durch den Glauben.*

5 In gewissem Sinn ist auch Glaube ein Werk (Joh 6,28–29), aber es ist kein verdienstorientiertes Werk. Es ist einfach der Glaube an jemanden, der nur die Wahrheit sagen kann.

6 Es ist erstaunlich, dass das Wort, das Paulus in dem im ersten Jahrhundert gebräuchlichen Griechisch verwendet, im modernen Griechisch die Bedeutung »Verlobungsring« bekommen hat.

7 Man sollte beachten, dass das Wort, das Paulus hier für »Hoffnung« verwendet, im Allgemeinen stärker ist als unser deutsches Wort.

8 Barker, Harold, *Secure Forever,* Neptune, NJ: Loizeaux Brothers, 1974, S. 78

9 Die wörtliche Wiedergabe ist »Amen, amen«. Die Übersetzung des Hebräischen lautet »so sei es« oder »so wird es sein«.

10 Die Verfechter der ewigen Errettung und diejenigen, die an eine bedingte Errettung glauben, greifen auf den griechischen Text des Neuen Testament zurück, um ihren Standpunkt zu stützen. Aber die Kenntnis der griechischen Grammatik bringt in dieser Frage keinen klaren Aufschluss. Wenn es so wäre, hätte man den Fall schon längst abschließen können. Wenn also Griechisch-Kenner nicht übereinstimmen, sollten wir uns nicht benachteiligt fühlen, wenn wir unsere deutschen Übersetzungen verwenden.

11 In Johannes 6,47 handelt es sich um ein Partizip Präsens mit einem bestimmten Artikel, wörtlich »jemand, der glaubt« oder »der Glaubende«. Es ist möglich, das als *Charakteristik* der betreffenden Person zu verstehen, und das wäre hier das Beste. So heißt es hier also: »der an mich glaubt«. Es beschreibt eher die Person als die Dauer ihrer Handlung.

12 Die Aufforderung zu glauben steht im Aorist, was hier eine einmalige Handlung betont, keine andauernde.

13 Es gehört zum gegenwärtigen Dienst Christi, dass er dafür betet, dass die Seinen sicher nach Hause kommen. Das wird durch die Worte illustriert, die er zu Petrus sprach, bevor dieser ihn mit Eiden und Flüchen verleugnete: »Ich habe für dich gebetet, dass dein Glaube nicht aufhöre.« Das Zeugnis und der Mut von Petrus haben aufgehört, aber sein Glaube hat nicht aufgehört, weil der von Christus erhalten wurde.

14 Die Vorsilbe *apo* bedeutet »von« oder »weg« und der Rest des Wortes leitet sich ab vom Verb »stehen«, also einen Standpunkt einnehmen gegen etwas, das man früher vertreten hat.

15 Judas reute es, aber es war nur Bedauern, keine von Gott gewirkte Buße (Mt 27,3; 2Kor 7,10). Er war ein Teufel (Joh 6,70). Er hat das Bad der Wiedergeburt nie erlebt (Joh 13,10–11). Er ging an seinen eigenen Ort (Apg 1,25). Jesus nannte ihn den Sohn des Verderbens (Joh 17,12), und dieser Vers bedeutet: »Als ich bei ihnen war, bewahrte ich sie in deinem Namen, den du mir gegeben hast; und ich habe [sie] behütet, und keiner von ihnen ist verloren als nur der Sohn des Verderbens, damit die Schrift erfüllt werde.« Johannes 18,8–9 erklärt, dass »die du mir gegeben hast« sich auf die Elf bezieht, die wahren Gläubigen, und nicht auf Judas.

16 Hier sind einige der verschiedenen Ansichten derer, die meinen, dass der Abschnitt von den Christen spricht, die ihre Errettung *nicht verlieren können*:

Gläubige, die in Sünde fallen und dann wieder zur Buße erneuert werden wollen, also wieder gerettet werden wollen. Dadurch würden sie Christus wieder ans Kreuz bringen und Ihn verspotten, weil sie damit sagen, dass sein ein für allemal vollbrachtes Werk nicht ausreichte, um sie ein für allemal zu retten.

Christen, die Sünde begehen und deshalb von Gott in diesem Leben dafür gerichtet werden, die aber ewig errettet sind.

Christen, die vor Abfall gewarnt werden und damit auch wirksam daran gehindert werden, ihn zu begehen. Es ist nur eine hypothetische Möglichkeit.

Hier ist eine alternative Ansicht von denen, die meinen, dass der Abschnitt von Christen spricht, die ihre Rettung *verlieren können*: Gläubige, die ewige Sicherheit haben, außer wenn sie die Sünde des Abfallens begehen.

[17] Buße und Glauben sind keine Werke, mit denen wir die Rettung verdienen, und durch die wir dem vollbrachten Werk Christi etwas hinzufügen.

[18] Das Wort Züchtigung schließt alles mit ein, das mit der Erziehung eines Kindes zu tun hat – Unterweisung, Ermutigung, Korrektur, Bestrafung usw.

[19] Im Griechischen ist es wirklich eine fünffache Verneinung!

[20] Es gibt drei Sünden, die nicht vergeben werden können:
a) Wenn die Wunder, die Jesus in der Kraft des Heiligen Geistes wirkte, dem Satan zugeschrieben werden und Er dadurch in gotteslästerlicher Weise als Satan bezeichnet wird (Mt 12,24.31–32).
b) Wenn vorgegeben wird, den christlichen Glauben anzunehmen, ihn danach zu verwerfen und zu bestreiten, dass Christus vollkommen Gott und vollkommen Mensch ist (Hebr 6,4–6; 10,29).
c) Ohne Glauben an den Herrn Jesus Christus zu sterben (Joh 3,18b).

[21] Dieser Vers hat schon viele Ausleger zur Verzweiflung gebracht, weil seine Erklärung mehr Hintergrundinformation erfordert. Hier sind einige mögliche Erklärungen über denjenigen angeführt, der eine Sünde zum Tod begeht.
a) Ein Gläubiger, der seine Errettung durch eine Sünde verliert, die er nicht bekennen will.
b) Ein Gläubiger, der wegen einer Sünde, die er nicht bekannt hat, den physischen Tod erleidet. Es könnte sich um ein fortdauerndes Fehlverhalten handeln, z. B. das Ergebnis von sexuellen Sünden. Beten ist hier sinnlos.
c) Ein Gläubiger, der einen Mord begeht und deshalb die Todesstrafe erdulden muss, weil Gott sie angeordnet hat (1Mo 9,6).
d) Ein Gläubiger, der in der Öffentlichkeit eine ungeheuerliche Sünde begeht, die ihn für einen weiteren Dienst auf Erden ungeeignet macht (Apg 5,1–11), auch wenn ihm durch die vollbrachte Tat Christi der Himmel offen ist.
e) Ein Abgefallener. Diese Version passt unserer Meinung nach am besten in den Kontext.

[22] Die Gleichnisse vom Schatz im Acker und der kostbaren Perle haben wir übergangen, weil sie zu unserem Thema keinen Bezug haben.

[23] Die Trauung hat schon bei der Entrückung im Himmel stattgefunden. Jetzt kommt der Bräutigam mit seiner Braut, der Gemeinde, zum Hochzeitsfest.

[24] Ihr Name kommt von dem griechischen Wort für »Wissen« *(gnosis)*. Sie dachten, dass sie mit ihrem Wissen weit über gewöhnlichen Gläubigen standen.

[25] Der Gnostizismus entwickelte später viele Untergruppen. Beispielsweise lebten manche ausschweifend, andere waren echte Asketen.

[26] Aus den Versen 6, 8 und 9 könnte man schließen, dass ein Christ überhaupt nicht sündigt. Natürlich ist das durch 1. Johannes 2,1 widerlegt. Es geht um Sünde als Lebensstil. In den Versen 6, 8 und 9 wird der Gegensatz zum Praktizieren der Gerechtigkeit in 3,7 heraus gearbeitet. Das Verhalten Satans wird als Beispiel verwendet; er »hat von Anfang an gesündigt«. Das ist sein charakteristisches Verhalten.

[27] Eine andere Auslegung, die ewige Sicherheit vertritt, sieht in dieser Stelle, dass die neue Natur (aus Gott geboren) überhaupt nicht sündigen kann.

[28] Robert Shank, *Life in the Son: A Study of the Doctrine of Perseverance.* Springfield, Missouri: Westcott Publishers, 1961, S. 16

[29] Ebd. S. 219

[30] Ebd. S. 96

[31] Paulus benutzt hier ein einzigartiges Wort, nicht das gewöhnliche Wort für Auferstehung, sondern wörtlich »Heraus-Auferstehung«.

[32] Gardiner Spring; *The Distinguishing Traits of Christian Character,* Phillipsburg; N.J.: Presbyterian and Reformed Publishing Co., 1980, S. 72

[33] Es könnte jemand die Frage aufwerfen, was dann mit den Kindern des Teufels sei (Joh 8,44). Sind sie dazu verdammt, in dieser Beziehung zu bleiben? Können sie nicht errettet werden? Die Antwort ist, dass Menschen nicht durch eine Geburt Kinder des Teufels werden, sondern vielmehr dadurch, dass sie sein Verhalten nachahmen.

[34] Quellennachweis nicht verfügbar.

[35] Verwerflich ist hier ein unglücklicher Ausdruck, weil er nach »in die Hölle werfen« klingt. Es handelt sich eher um einen Ausdruck aus dem antiken Wettkampf, der bedeutet »nicht zugelassen«, »nicht bewährt« oder »disqualifiziert«.

[36] Es handelt sich hier um ein Partizip Präsens, wörtlich »der Glaubende«. Siehe Fußnote 3 des Kapitels 9 *Ewiges Leben oder nicht ewiges Leben?*

[37] John F. MacArthur, *The Glory of Heaven.* Wheaton, IL: Crossway Books, 1996, S. 99–100.

[38] Charles Haddon Spurgeon, *Till He Comes,* Houston, TX: Christian Focus Publications, 1989, S 339.

[39] Es verdient Beachtung, dass der Ausdruck »Wohnung nehmen« hier im Original in einer verstärkten Form des Zeitworts gebraucht wird. Er könnte die Bedeutung von »niederlassen« oder »sich zu Hause fühlen« haben.